신사임당

두레아이들 인물 읽기 ❽

신사임당

노경실 지음 | 윤종태 그림

두레아이들

머리말

하고 싶고, 할 수 있는 것을 마음껏 누린
자유인, 행복한 예술가!

우리가 살고 있는 21세기, 인간의 지식 수준은 전보다 더 높아지고 문명은 하루가 다르게 발달하고 있습니다. 그런데 어린이 여러분은 어떠한가요? 가령 조선 시대 어린이들과 비교할 때에 여러분이 더 행복할까요?

한번 상상해 보아요. 여기 한 여자아이가 있습니다. 컴퓨터나 스마트폰은 없습니다. 화려한 공주 드레스를 입거나 핑크 구두를 신지도 않았습니다. 치킨, 피자, 초콜릿, 아이스크림 따위는 본 적도 없습니다. 이 여자아이는 불행한 걸까요?

이 여자아이는 학원에 다니지도 않고, 시험과 숙제 때문에 고생하지도 않습니다. 일곱 살인데 선행학습을 하느라 끙끙대지도 않고, 한글도 잘 모르는데 영어 공부하느라 원어민 강사를 따라다니지도 않습니다.

하지만 이 여자아이는 자기가 하고 싶은 걸 날마다 충분히 합니다. 이 아이는 우리가 신사임당이라 부르고 존경하는 분이지요. 그림을 그리고, 붓글씨 쓰는 걸 즐거워하며, 책을 읽고, 꽃과 나무와 풀과 작은 벌레들을 살펴보는 걸 얼마나 좋아하는지요! 신사임당은 평생토록 자기가 하고 싶은 것을 마음껏 하며 살았던 진정으로 '행복한 자유인'이었습니다.

그러나 유교 사회 속에서 '여자'라는 이유로 사임당의 학문과 예술 실력은 잘 알려지지 않았습니다. 하지만 사임당은 자기 이름을 날리거나 돈을 벌려고 그림을 그린 게 아니었습니다. 자신이 하고 싶은 것을 했을 뿐입니다.

그런데! '낭중지추(囊中之錐, 주머니 속의 송곳이라는 뜻으로, 재능이 뛰어난 사람은 숨어 있어도 저절로 사람들에게 알려짐을 이르는 말)'처럼 사임당의 작품은 인공지능 시대에서 더욱 빛이 납니다.

컴퓨터나 로봇은 흉내 낼 수 없는 예술 작품이지요. 여자를 전혀 알아주지 않는 시대라 하여 분노하거나 슬퍼하지 않고 자기가 하고 싶은 일을 했습니다. 그뿐만 아니라 자녀 교육과 집안을 바로 세우는 일에도 게을리하지 않았습니다.

여러분 중에 '나는 이런저런 이유로 꿈이 없어!'라며 환경을 탓하거나, 미래를 포기한 친구들이 있나요?

'무엇이 되려고' '이름을 날리려고' 하는 공부나 뽐내는 재주는 오래가지 못합니다. 스스로 지치지요. 그러나 내가 하고 싶고 잘할 수 있는 것을 위해 노력하는 사람은 주머니 속의 송곳처럼 스스로 소리치지 않아도 반짝반짝 빛나는 존재가 됩니다.

여러분이 신사임당을 통해 발견할 수 있는 가장 큰 지혜는 바로 이 점입니다. '위인 신사임당'보다는 자기가 하고 싶은 것을 즐겁게 한 '진정한 자유인'의 행복을 찾아야 합니다.

여러분은 지금 무엇이 하고 싶어 가슴이 뛰나요?

무엇에 대한 희망으로 시험을 못 봐도 어깨가 처지지 않을까요?

햇살 눈부신 일산 흰돌마을에서
노경실

차례

머리말
하고 싶고, 할 수 있는 것을 마음껏 누린 자유인, 행복한 예술가! 5

1
아들잡이 엄마의 아들잡이 딸  11

2
오죽헌의 그림 그리는 여자아이  22

3
가슴에 뜻을 품다 45

4
뛰어난 예술가로, 올바른 한 사람으로 뿌리를 내리다 65

5
딸의 자리에서 아내와 며느리의 자리로 옮기다   82

6
남편의 진정한 응원군이 되다   109

7
아이들을 바로 세우다   120

8
스스로 자신을 예술가로 완성한 신사임당   134

부록
위대한 예술가 신사임당   140

* 일러두기

1. '오죽헌/시립박물관'에 따르면, 신사임당의 본명은 지금까지 알려지지 않았다고 합니다. '신인선'이라고 알려진 이름이 신사임당의 본명이라는 근거나 자료도 발견되지 않았다고 합니다. 다만, 신사임당의 어린 시절에는 사임당이라는 호보다 이름으로 불리는 게 자연스럽기에 이 책에서는 지금까지 신사임당의 본명이라고 잘못 알려진 '신인선'이라는 이름을 그대로 사용했습니다.

2. 부록에 실린 신사임당과 그 자녀들의 작품 사진은 '오죽헌/시립박물관'에서 제공받은 이미지입니다.

1. 아들잡이 엄마의 아들잡이 딸

한 사람이 세상의 칭송을 받는 일을 할 때에는 단지 그 사람의 능력이 뛰어나서일까요?

모두가 그렇지는 않답니다. 누군가 그 사람이 훌륭한 일을 해 나가기 위해 든든한 버팀목이 되어 주거나, 아낌없이 응원을 해 주는 예가 종종 있습니다.

예를 들면, 세종대왕에게는 지혜와 지식은 물론 충성심이 출중한 학자들과 장영실 같은 과학자들이 그림자처럼 곁에서 함께 연구도 하고, 학문 토론도 했지요. 링컨 대통령에게도 든든한 응원군이 있었습니다. 신앙심과 인간됨의 길을 알려 준 친엄마와 새엄마가 없었다면 링컨이 어떠한 인생을 살았을지 알 수 없을 겁니다. 또한 헬렌 켈러에게는 평생 결혼도 하지 않고 부모보다 더 헌신적으로 이끌어 준 앤 설리번 선생님이 곁에 있었습니다.

이렇게 유명인이 아니더라도 세상에서 가장 든든한 '내 편'인 우리의 부모님을 생각해 보아요. 아버지와 어머니가 여러분을 믿고 힘을 다해 가르치며, 어려울 때에도 이 세상 누구보다 큰 조력자가 되어 줍니다. 그래서 여러분은 가끔씩 내 뜻대로 되지 않을 때에라도 꿈을 포기하지 않고 다시 일어설 수 있는 거랍니다.

신사임당이라 불리며, 21세기 물질문명 사회에서도 존경을 받는 '신인선'이라는 여성도 그렇답니다. 우리는 흔히 '신사임당이 워낙 훌륭해서 그랬을 거야'라고 생각합니다.

그러나 생각해 보아요. 여성의 인권이 거의 보장되지 않는 조선 시대에 신인선이라는 여성이 어떻게 마음 놓고 친정에서 살며, 그림을 그리며 예술 생활을 할 수 있었을까요?

그것은 신인선이라는 한 여성을 위해 친정 부모와 시부모, 남편과 그 밖의 여러 사람들이 적극적으로 도와주고 격려해 주고, 재능을 인정해 주었기에 가능했습니다.

이런 뜻에서 우리는 무조건 '성공'을 찬양하는 인물 이야기가 아닌 인문적인 시선으로 신사임당, 즉 신인선이라는 여성을 바라보아야 합니다. 그래야 여러분은 신사임당의 이야기를 통해 올바른 가치관을 갖게 되며, 자신의 꿈을 더 튼튼하게 이끌어 나갈 지혜를 얻게 될 것입니다.

어린이 여러분, 그럼 이제부터 시간 여행을 하듯 신사임당을 만나러 함께 여행을 떠나 보아요.

1504년(연산군 10년), 강원도 강릉 북평촌(현재 강릉시 죽헌동)은 서쪽으로 대관령이, 동쪽으로는 동해 바다가 펼쳐져 있는 아름다운 마을입니다.

이곳에 예의 바르고, 가풍이 귀한 한 가정이 있습니다. 어느 날, 이 집안에 한 여자아기가 태어났습니다. 이 집에는 서울 사람인 아버지 신명화와 강릉 사람인 어머니 용인 이씨(예전에는 여자의 이름을 상세히 기록하지 않은 경우가 많았답니다)와 딸 아이 등 세 사람이

살았지요. 옛 집안치고는 너무 식구가 적은 것 같다고요? 당시는 대가족을 이루고 살던 때라 이 집에는 다른 식구들도 있었습니다. 그러나 많은 사람을 다 소개할 수는 없으니, 아버지를 먼저 만나 볼까요.

　신사임당의 아버지 신명화는 고려 태조 때의 건국 공신인 신숭겸의 18대손으로 기록되어 있습니다.

　신명화의 아버지, 그러니까 신사임당의 할아버지는 강원도 영월의 군수를 지내기도 했습니다. 그러나 신명화는 벼슬에 뜻이 없

어 과거를 치르지 않은 채 젊은 시절을 보냈답니다. 집안 사람들은 관직에 관심이 없는 신명화를 볼 때마다 채근했습니다.

"그래도 양반 가문인데 과거를 치르고 벼슬을 해야 조상님들께 면목이 있지 않겠느냐?"

"자네의 자녀들을 생각해서라도 벼슬을 하게. 벼슬 못 하는 아비를 둔 자식들 마음이 당당하겠느냐?"

얼마나 끈질기게 다그치고 설득했는지, 마침내 신명화는 마흔이 넘어서야(지금 시대로 치면 거의 환갑이 넘은 나이에) 비로소 과거를 치르고 진사가 되었지요. 하지만 신명화는 진사 관직을 맡지 않았습니다. 학문을 몹시 좋아해서이지요.

"나의 남은 인생은 책을 읽고, 시를 지으며 살겠소."

신명화는 아예 주변 사람들에게 이렇게 말했습니다. 양반 집안이라 벼슬을 하지 않아도 사는 데에 어려움은 없었으니 가능한 일이었지요.

그런데 새옹지마(塞翁之馬)라는 말처럼 이 선택이 훗날 신사임당의 집안에는 복이 되었습니다. 1519년, 조광조를 비롯한 젊은 학자들이 숙청된 기묘사화가 일어났을 때에 신명화는 벼슬을 하지 않았던 덕분에 집안이 무너지는 화를 피할 수 있었지요.

이러한 일을 보면, 당장 눈앞에 근사한 일이 있고, 멋진 성공을 했다 하여 평생 행복을 누리는 건 아니라는 걸 알 수 있습니다.

신사임당에게는 현명한 아버지만 계신 게 아니었습니다. 요즘 엄마들에게서도 쉽게 찾아볼 수 없을 정도로 자식을 믿어 주고 응원해 주는 지혜롭고 인자하며, 학문이 높은 외할머니와 엄마가 늘 곁에 있었거든요. 이렇게 축복받은 사임당은 신명화 집의 둘째 딸로 태어났습니다.

그런데 신사임당을 만나기 전에 한 가지 꼭 알아야 할 것이 있습니다.

많은 어린이들이 '유교 사상이 강한 조선 시대에 어떻게 결혼한 남자가 아내의 집에서 살지요?' 하는 질문을 하는데, 이 궁금증을 풀어야 하겠지요.

그것은 '아들잡이(친정살이를 하면서 자식을 낳아 어지간히 키운 다음 시집으로 가는 것으로 삼국 시대부터 고려를 거쳐 조선 초까지 이어져 온 오랜 전통)'라는 풍습이 있었기 때문에 가능했답니다. 다행히도 이 풍습

때문에 딸만 있는 집은 그 딸들 중 하나를 아들처럼 생각해서 결혼해도 친정집에서 살 수 있도록 했답니다.

신사임당의 어머니인 용인 이씨의 집에는 아들이 없었습니다. 그래서 용인 이씨가 집안의 아들 노릇을 하기 위해 결혼하고도 친정인 강릉에서 살게 된 거랍니다.

참 신기한 것은 신사임당도 어머니처럼 남자 형제가 없었습니다. 사임당의 어머니, 용인 이씨는 딸만 다섯을 낳았거든요. 그래서 다섯 딸 중 둘째인 신사임당은 결혼해서도 시댁에서 살지 않고 친정집에서 살 수 있었답니다. 신사임당도 어머니처럼 '아들잡이' 노릇을 한 것입니다. 아마 신사임당이 자청해서 '아들잡이' 노릇을 한 것 같습니다.

이것은 아주 중요한 일입니다. 신사임당이 진정한 사임당으로 일생을 보낼 수 있는 중요한 계기가 되거든요.

참, '사임당'은 호입니다. 신사임당의 이름은 신인선이라고 하는데, 확실한 기록이 남아 있지 않아서 그 누구도 '신인선이 사임당의 진짜 이름이야!'라고 주장하지 못한답니다. 다만, 널리 알려져 있는 탓에 이 책 속에서도 '인선'이라고 부르는 것을 어린이 친구들이 이해해 주길 바랍니다.

어린 소녀 인선이는 마을 친구들과 노는 것보다는 외할아버지와 외할머니, 그리고 어머니와 함께 있는 것을 좋아했습니다. 응석둥이라서 그런 게 아니었지요.

인선이는 아주 어릴 때부터 글을 읽고 쓰며, 그림 그리는 것을 좋아했거든요. 이 시대에는 여자를 위한 교육 시설이 없었기에 글이나 그림은 집안 어른들에게서 배워야 했습니다. 아버지는 벼슬자리에 있어 서울에서 생활하고 있었기에 인선이는 어머니와 조부모에게서 모든 교육을 받았지요. 물론 형제들과도 사이좋게 지냈습니다.

오늘도 인선이는 외할머니와 외할아버지에게서 배우는 글공부를 마치자마자 집 뒤뜰에 있는 작은 대나무 숲으로 갔습니다. 인선이는 형제들과 대나무 숲에서 노는 것을 즐거워했거든요.

이곳에는 아이들이 겨우 들어갈 수 있을 만큼 대나무가 빽빽이 들어차 있어서 넓은 대나무 숲을 이루었지요. 그래서 마을 사람들은 인선이네 집을 '오죽헌'이라고 불렀습니다. 왜 오죽헌이냐고

요? 이곳 대나무의 줄기는 하나같이 먹물을 뒤집어쓴 것처럼 까맣거든요. 그래서 대나무가 까마귀처럼 까맣다고 해서, '까마귀 오(烏)'자와 '대나무 죽(竹)'자를 쓴 까만 대나무 집인 '오죽헌(烏竹軒)'이 된 거랍니다.

인선이는 풀벌레들을 놀라게 하면 안 될 것처럼 숨 죽이며 조심조심 대나무 숲 안으로 들어갔습니다.

2. 오죽헌의 그림 그리는 여자아이

오죽헌 뒤뜰에는 대나무만 있는 게 아니었습니다. 여름에는 붉은 봉숭아, 분홍 봉숭아, 원추리 꽃 등 갖가지 꽃과 풀, 특히 포도나무가 싱싱하게 자랐지요. 포도 덩굴마다 둥글둥글 포도송이들이 주렁주렁 열려서 온 가족이 실컷 먹을 정도로 풍성했습니다.

이렇게 작은 숲처럼 초록 식물들이 무성한 뒤뜰에는 작은 풀벌레들은 물론 다람쥐들도 제 집처럼 드나들었습니다.

인선이는 비가 오지 않는 날이면 어김없이 글과 그림 공부를 마치고 이곳을 찾았습니다. 왜 그랬을까요?

혼자서만 그림 그리는 즐거움에 푹 빠져 있고 싶어서였지요. 인선이는 숲에 앉아 꽃, 풀, 대나무, 풀벌레, 곤충, 다람쥐 등 하나도 그냥 보아 넘기지 않았습니다. 그리고 밥 먹는 것도 잊은 채, 식구들이 찾는 것도 모른 채 그림을 그렸지요.

그럼 모든 생명들이 잠자듯 숨어 버린 듯한 추운 겨울에는 그림을 그리지 않았을까요? 그렇지 않았지요. 인선이는 집안 곳곳에 있는 난초를 그리거나 하얀 눈 속에서도 당당하게 꽃을 피우는 매화도 그렸지요. 또한 글공부에도 힘을 기울였습니다.

이처럼 인선이는 어린 시절부터 또래 여자아이들과 다르게 지냈습니다. 인선이는 틈만 나면 흙바닥에도 열심히 그림을 그렸지요. 이름 모를 잡초와 들꽃, 식물 줄기, 곤충, 땅 위로 드러난 나무 뿌리, 꽃, 떨어진 꽃잎, 시든 나뭇잎 등등 대나무 숲의 모든 가족을 그렸지요.

오늘도 인선이는 흙바닥에 여치 그림을 그리고 있었습니다.

저만치서 동생들이 숨죽여 지켜보는 걸 전혀 눈치 채지 못한 인선이는 색색 숨소리를 내며 그림을 그렸습니다. 그러다가 무슨 생각이 났는지 벌떡 일어났습니다.

동생들은 자기들이 온 것을 들킨 줄 알고 흠칫 놀랐지요. 그러나 인선이는 뒤 한 번 돌아보지 않고 어디론가 달렸습니다.

"휴우, 심장이 팥알만 해지는 줄 알았네……."

동생들은 인선이가 없는데도 괜히 마음을 졸이며 살금살금 걸어가서 그림을 보았습니다.

"와! 여치네! 정말 똑같아! 여치가 살아서 포옹퐁퐁 뛰어다닐 것 같아!"

"우리 인선이 언니는 정말 천재야, 천재! 이것 좀 봐요. 채송화도 똑같아요. 물감만 칠하면 채송화가 스르르 일어날 것 같아요."

동생들은 입을 헤벌린 채 두 눈을 크게 떴지요. 그때였습니다. 동생들의 등 뒤에서 낮은 목소리가 들렸습니다.

"그러게 말이다. 인선이가 남자로 태어났으면 조선 방방곡곡에 이름을 떨칠 텐데……."

외할머니였습니다.

"할머니, 오셨어요?"

아이들은 공손히 인사했습니다.

"그래. 너희가 보기에도 인선이 재주가 아깝지?"

"네, 할머니."

아이들은 입을 모아 말했습니다.

"그러면 어쩌겠냐? 조선이나 중국이나 부모님 말씀 잘 듣고, 남편을 왕처럼 모시고, 자식들을 훌륭하게 키우면서도 집안일을 부지런히 하는 여자가 가장 귀한 여자로 인정받는데……."

"할머니, 그럼 여자는 그림을 잘 그리거나 시를 잘 지어도 소용없어요?"

셋째가 화가 난 듯한 얼굴로 물었습니다.

"그렇단다. 여자가 그림 잘 그려서 무엇에 쓰겠느냐? 과거를 볼 수도 없고, 천하게 그림 장사를 할 수도 없고…… 시댁에서 구박이나 받을 텐데……."

할머니의 말에 아이들은 뭐라 대꾸하지 못했습니다. 마치 자신들이 여자인 것이 큰 죄를 지은 것인 양 고개를 푹 숙였지요.

할머니처럼 인선이를 걱정하는 사람은 또 있었습니다. 어머니는 물론 몇 달 만에 강릉 집에 온 아버지도 할머니와 같은 걱정을 하고 있었지요.

서울에서 나랏일을 하는 아버지는 아내와 다섯 딸을 아끼는 마음이 남달랐습니다. 더구나 아들만 대접받는 시대인데도 그런 것에 상관없이 딸들을 사랑하며, 딸들이 공부를 하는 데에 도움이 되는 책이라면 어떻게든 책을 구해서 읽게 해 주었지요.

"혹시 자네는 전생에 여자가 아니었나? 어찌 아무짝에도 쓸모없는 딸자식을 그렇게 위하는가?"

"자네는 아들이 없어서 일부러 더 그러는 건 아닌가?"

"딸은 시집가면 그만인데 왜 그렇게 헛수고를 하는가?"

아버지의 친구들은 틈만 나면 이렇게 놀려 댔지요. 그래도 아버지는 빙긋 웃기만 하였습니다.

아버지는 다섯 아이 중에서도 둘째인 인선이를 더 아꼈습니다. 총명하고 예술 감각이 뛰어났기 때문입니다. 하지만 한편으로 이러한 점 때문에 아버지는 늘 안타까워했습니다.

'우리 인선이가 아들이었다면 얼마나 좋을까?'

딸이라서 싫어했냐고요? 그게 아니랍니다. 과거 시험을 보면 장원을 할 정도로 글 실력과 그림 재주가 뛰어난데도 아무것도 못한 채 결혼할 때만 기다려야 한다는 게 매우 속상했던 것입니다.

게다가 그 시절에는 기생이라고 하는 여자들이 시를 짓고 그림을 그리는 걸로 유명했지요. 그래서 여자가 글과 그림 실력이 뛰어나다는 사실은 자랑할 게 못 되었습니다.

아버지가 강릉 집에 와서 편안히 몸과 마음을 쉬고 나면 어머니는 늘 아버지에게 선물을 하듯 보여 주는 게 있었습니다.

"어서 보여 주시오."

아버지는 그것이 무엇인지 알고 있지요. 아버지가 강릉 집에 올 때마다 엄마는 인선이가 그린 그림들을 모았다가 보여 주었습니다. 요즘 말로 하면 집 안에서 그림 전시회를 하는 격이지요.

어머니는 아버지 앞에서 보자기를 풀었습니다. 보자기 안에서 한지에 그린 그림들이 풍경화처럼 펼쳐졌습니다

"인선이가 그동안 열심히 했군요."

아버지는 인선이의 그림을 한 장 한 장 살펴보았습니다. 얼굴 가득 흐뭇한 미소가 넘쳐흘렀습니다.

'인선이 나이에 벌써 이런 그림을 그리다니……. 언제쯤, 어느 시대가 되어야 우리 인선이가 자신의 재능을 마음껏 뽐내며 살 수

있을까…….'

"그래도 우리 인선이는 행복한 사람입니다. 마음껏 그림을 그릴 수 있잖아요."

어머니의 말에 아버지는 고개를 끄덕였습니다.

인선이가 마음껏 그림을 그릴 수 있도록 외할머니와 어머니가 그림 재료를 늘 구해 주었거든요. 그래서 인선이의 그림 실력은 날마다 좋아졌는데, 단순히 그림 그리는 기술이 나아진 게 아니었습니다. 사물을 표현하는 색채의 감각이 날로 섬세해졌습니다. 또한 사물마다 지니고 있는 독특한 개성도 잘 표현했지요.

하루는 인선이가 잘 익은 포도송이를 살펴보더니 어머니에게 말했지요.

"어머니, 이것 좀 보세요. 어제부터 오늘까지 쭈욱 살펴보았는데 포도가 대체 무슨 빛깔인지 알 수가 없어요."

어머니는 깜짝 놀랐습니다.

'아니, 인선이가 그림 그리는 데 너무 몰두하다 보니 눈에 이상이 생긴 건가?'

어머니는 놀란 가슴을 겨우 진정시키고 물었습니다.

"인선아, 그게 무슨 말이냐? 사과는 빨갛고, 감은 주황빛이며, 배는 노르스름한 것처럼, 포도는 늘 보라색이지."

"어머니, 저도 그런 줄 알았어요. 그런데 언제부터인가 포도 색이 이상하게 보이는 거예요."

"어떻게?"

"햇빛 때문에 그런지 모르겠지만…… 포도 알의 색깔이 날마다, 그리고 하루에도 수십 번씩 변해요. 같은 포도 알인데도, 어느 날은 먹색으로, 어떤 때는 남보랏빛으로, 또 어느 날은 청보라색으로, 어느 때는 마치 은덩어리 같은 색으로, 또 짙은 붉은색으로……. 그 밖에도 말로 표현하기 어려운 색깔로 보이는 경우가 허다해요. 어머니, 정말 놀라워요. 도대체 진짜 포도 색은 어떤 색일까요? 왜 저는 이제야 그걸 깨달았을까요? 어머니는 저보다 인생을 많이 사셨고, 그만큼 포도도 많이 보셨으니 아실 것 같아요. 진정한 포도 색은 무어라 말할 수 있나요?"

"뭐라고? 그, 그건…… 그냥 보라색이 아닐까?"

어머니는 그제야 안심했지요. 인선이의 눈에 이상이 있는 건 아니었으니까요. 하지만 인선이의 질문에 답을 해 주지 못했답니다. 어머니가 한 번도 해 보지 않은 고민이었으니까요.

"인선아, 너는 단순히 색깔을 보는 눈이 깊은 게 아니구나. 세상을 보는 눈도 깊은 거야. 네가 점점 자랄수록 이 엄마는 가슴이 아프구나. 왜 너는 여자로 태어나서 네 재주를 꽃피우지 못하는 거니?"

어머니는 인선이를 꼬옥 안아 주며 울먹였습니다.

"어머니, 그런 게 뭐가 중요해요? 저는 어머님, 아버님, 그리고 할머니와 언니랑 동생들과 함께 살면서 날마다 그림 그리는 게 행복해요. 더 이상 바라는 게 아무것도 없어요. 자연을 볼 수 있는 두 눈과 그릴 수 있는 두 손만 있으면 돼요."

아직 어린 인선이는 해맑은 얼굴로 말했지요.

이렇게 남다른 고민을 하다 보니 인선이는 여러 가지 색을 섞어서 자신만의 색깔을 만들어 내는 실험도 많이 했지요.

인선이는 자연을 그리는 데에만 뛰어난 게 아니었습니다. 일곱 살 때에는 〈몽유도원도〉로 유명한 조선 최고의 화가 중 한 사람인 안견의 그림을 그렸지요. 화집에 있는 그림을 보고 그대로 그린 것입니다. 꿈속에서 여행한 복사꽃 마을을 그렸다는 〈몽유도원도〉는 기괴한 바위산과 두루미 등등 어른 화가라도 그리기 힘든 작품입니다.

그런데 겨우 일곱 살짜리 여자아이가 마치 판화를 찍은 듯 똑같이 그렸으니 가족들은 놀랐지요. 그리고 한 사람, 두 사람 자꾸 말이 전해지면서 마을 밖으로도 인선이의 그림 실력이 좋다는 소문이 퍼져 나갔습니다. 또 개구리가 땅강아지를 잡아먹으려고 살금살금 다가가는 모습이 정말 눈앞에서 일어나는 광경처럼 생생한 그림 〈오이와 개구리〉처럼 자연의 생명체를 다룬 그림을 보면서도 처음에는 그저 여자아이가 어쩌다 잘 그린 그림으로 여겼지요.

"'황소 뒷걸음질 치다가 쥐 잡는 격'이라는 말처럼 어쩌다 보니 한 번 잘 그린 걸 거야."

"그래 봤자, 여자애가 그린 걸 가지고 뭘!"

"조신하게 있다가 시집이나 갈 일이지, 남부끄럽군. 양반집에서 이게 무슨 일인지…….'

하지만 어머니와 아버지는 인선이에 대한 생각이 확고했습니다.

"분명히 인선이는 특별한 아이야. 비록 여자라서 저 재능을 세상에 알릴 수는 없지만 마음껏 그릴 수 있도록 해 줘야지. 그게 부모 된 도리니까!"

"그럼요. 저도 당신의 뜻처럼 우리 인선이가 하고 싶은 일을 마음껏 할 수 있도록 최선을 다할 겁니다."

그래서 아버지 신명화는 서울에서 강릉으로 올 때에는 빈손으로 집을 들어서지 않았습니다.

"아버지가 오셨다!"

"아버지, 어서 오세요!"

딸들은 아버지도 좋지만 아버지가 한양에서 사 오는, 강릉에서는 구하기 힘든 물건도 기다렸지요. 대부분 중국을 통해서 들어오는 물건들인데, 아랍이나 유럽에서 건너온 장신구, 인형들도 있었지요. 언니나 동생들은 그런 선물들을 바라고 기다렸지만 인선이는 달랐습니다.

한바탕 선물 잔치가 끝나자, 온 가족이 인선이와 아버지 옆에 빙 둘러 앉았습니다.

'아버지가 이번에도 인선이한테 줄 그림집이나 글책을 사 오셨을 거야.'

인선이의 형제는 별 기대 없이 지켜보았지만, 인선이는 새 책을 만나는 기쁨에 가슴이 뛰었습니다.

아버지는 겹겹이 쌓은 보자기를 풀었습니다. 모든 식구의 예측대로 책 한 권이 나왔습니다.

"아버님, 이번엔 어떤 책인가요?"

인선이의 얼굴이 환해졌습니다.

조선 시대 때에 책이라는 것은 지금의 그 어떤 것보다 더 귀한 물건이자, 만들기도 어려운 보물 같은 것이었지요. 먼저, 종이가 금처럼 귀했고, 인쇄 기술은 아직 발달되지 않아서 책을 쉽게 만들 수도 없었으니까요.

아버지는 책을 한 장 한 장 펼쳐 보이며 말했습니다.

"인선아, 이 책은 중국과 조선의 유명한 화가들의 그림이 담긴 책이란다."

"아버님, 이건 처음 보는 그림인데요?"

"그럴 게다. 이것은 이상좌의 〈송하보월도〉라는 작품이다. 소나무를 그린 것이지."

어린 인선이는 그림을 한참 동안 살피더니 입을 열었습니다.

"우리나라 소나무 그림 기법이 아닌 것 같아요."

"아니, 네가 어떻게 그걸 알지?"

엄마가 놀라며 물었습니다. 집안 식구들도 커진 눈으로 인선이의 얼굴만 쳐다보았습니다.

"이 소나무 그림은 중국 남송의 화풍을 닮았어요. 소나무를 그리는 기법이 남송 시대의 '마원'과 비슷해요."

아버지는 인선이의 정확한 지적에 깜짝 놀란 나머지 무어라 금방 답하지 못했지요.

"인선아, 언제 마원의 그림을 본 적 있느냐?"

"아이, 아버님도! 지난해에 갖고 오셨던 그림집에서 보았어요."

"지난해? 그럼 겨우 여섯 살인데……."

가족 모두 인선이의 뛰어난 기억력과 남다른 통찰력에 마음으로 박수를 쳐 주었습니다.

"어떠냐, 인선아? 이 소나무 그림을 보니 무슨 느낌이 드느냐?"

아버지가 물었습니다.

"아버님, 세상에 이런 그림이 있다는 게 정말 놀라워요. 저도 이렇게 아름답고 신비로운 그림을 그릴 수 있다면 얼마나 좋을까요?"

인선이는 그림을 뚫어져라 쳐다보며 말했습니다.

"인선아, 네가 아무리 그림을 잘 그려도 어떻게 이런 그림을 그릴 수 있겠니? 너무 잘난 체하지 마."

언니가 핀잔을 주었습니다. 언니가 하는 말이 아주 그른 것은 아니었지요. 어린 여자아이가 대화가의 그림처럼 그린다는 것은 누가 보아도 어려운 일이니까요.

"아니다. 이참에 인선이만의 소나무를 그려 보렴."

어머니는 얼른 벼루와 먹과 종이를 준비했습니다. 그리고 먹을 갈아 주었지요.

갑자기 조용한 강릉 집에 묘한 긴장감과 즐거운 호기심이 솔솔 피어올랐습니다. 하지만 정말 놀라운 것은 인선이가 '지금요? 좀 연습한 다음에 하면 안 될까요?' '아이, 처음이라 어려울 것 같은데……' 하며 뒤로 물러나지 않았다는 것이지요.

"네, 해 보겠어요."

오히려 인선이는 마치 사내아이가 활을 들고 당당하게 시위를 당기러 나가듯이 붓을 손에 쥐었습니다. 어린 인선이의 오른팔에 근육이 탱탱하게 솟아오르는 듯했지요.

"자, 시작하렴."

아버지는 책을 덮으며 말했습니다.

"아버지, 그림을 보고 그려야 하잖아요?" 셋째가 물었습니다.

"아니다. 인선이는 그림집을 보지 않아도 자기만의 소나무를 그릴 수 있을 거다."

아버지가 말했습니다.

가족 모두 숨을 죽인 채 인선이의 붓놀림을 지켜보았습니다.

인선이는 아직 먹물이 묻지 않은 붓을 한 손에 쥔 채 조용히 눈을 감았습니다. 그러고는 바닷가에 있는 솔밭을 떠올렸지요. 키가 큰 소나무와 그 곁에 아기들처럼 서 있는 작은 소나무들. 할머니 할아버지처럼 구불구불 허리가 휘어진 소나무, 흥미진진한 역사를 들려줄 것 같은 오래된 소나무, 여기저기 벌레 먹은 자국이 선명한데도 튼튼하게 자라고 있는 소나무…….

얼마 뒤, 인선이는 숨을 크게 들이마시고 내쉬었습니다. 동해안의 강한 바닷바람에 흔들리면서도 꼿꼿하게 서 있는 소나무들의 향을 맡는 것 같았습니다.

인선이는 천천히 고개를 좌우로 움직였습니다. 마치 소나무 사이사이를 걸으며 저마다 서로 다른 자태를 뽐내는 소나무들의 모습을 하나하나 찬찬히 살피는 듯했습니다.

드디어!

인선이는 붓을 먹물에 듬뿍 적셨습니다. 그리고 그림을 그리기 시작했습니다.

먼저 검푸른 강릉 앞 동해 바다가 그려졌습니다. 그다음 한 그루 한 그루…… 바다 오른편에 있는 언덕에 소나무를 심기 시작하는 인선이. 작은 소나무, 큰 소나무, 가지를 많이 뻗은 소나무, 높이 올라가는 소나무, 하늘이 보이지 않을 정도로 솔잎이 무성한 소나무, 새가 앉아 쉬고 있는 소나무…….

"으음……."

식구들은 그림이 점점 완성되어 갈수록 감탄의 소리가 흘러나왔습니다. 단순히 '잘 그렸네' '멋있다'라는 느낌의 탄성이 아니었습니다.

가족 모두 소나무 숲에 들어와 거니는 느낌에 푹 빠졌거든요. 동해 바람에 소나무들이 목욕을 한 것마냥 솔잎 내음이 흠뻑 풍겨 나오는 듯했지요.

마침내, 인선이는 붓을 내려놓았습니다.

"그래, 바로 이거다! 중국 소나무도 아니고, 이상좌의 소나무도 아니며, 그 누구의 소나무도 아닌 오직 신인선만의 소나무구나!"

아버지는 오른 손바닥으로 무릎을 치며 크게 말했습니다.

그러나 동생들은 고개를 갸웃했습니다.

"아버님, 언니 그림보다 그림집에 있는 소나무가 더 잘 그린 것 같은데, 왜 인선이 언니 그림이 더 좋다고 하세요?"

"하하하. 그건 인선이의 그림은 누구의 그림도 흉내 내지 않고 저 자신만의 소나무를 그려서 그렇단다. 인선이의 소나무는 세상에 단 하나밖에 없는 소나무란다. 아무리 그림을 잘 그려도 남의 것을 흉내 낸 것은 훌륭한 작품이 아니지. 그건 모방 작품이란다.

그림이나 시라는 것은 바로 자기만의 색깔이 있는 것, 즉 독창성이 있어야 진정한 작품으로 인정받는 것이란다."

아버지의 설명에 동생들은 박수를 쳤습니다.

"그럼 우리 인선 언니가 유명해져요?"

"그건 아니지…… 여자가 그림을 잘 그려도……."

어머니는 말을 하다 말고 그림 도구들을 챙겼습니다. 그리고 이어 말했습니다.

"얘들아, 이제 너무 늦었다. 어서 자리로 돌아가거라."

잠자리에 누운 인선이는 물론 언니와 동생들도 쉽게 잠을 자지 못했습니다. 다섯 자매는 어둠 속에서 소곤소곤 끝없이 이야기를 나누었습니다.

"언니는 시집가서도 그림을 그릴 거야?"

"그럼!"

인선이는 달빛이 희미하게 비치는 어둠 속에서 활짝 웃으며 말했습니다.

"인선아, 그럼 시댁 어르신들이 안 좋아하실 텐데?"

"그렇겠네……."

언니의 말에 인선이 얼굴이 어두워졌습니다. 인선이도 이제는 알거든요. 여자는 무조건 시집을 가야 하며, 양반집 여자들은 그림 그리는 걸 너무 좋아하면 안 된다는 것을요.

"어머니 아버님 말씀처럼 우리 언니는 남자로 태어났어야 하는데……."

"쉿! 그런 망측한 소리는 하는 게 아니야."

"언니가 남장하고 다니면 안 되나? 헤헤헤."

"그런 말 하지 말라고 했지? 잘못하다가는 인선이가 아예 그림을 못 그릴 수도 있어."

큰언니의 야단에 철부지 동생들은 입을 쏙 닫았습니다. 인선이는 아이답지 않게 긴 한숨을 내쉬며 이불을 머리끝까지 올렸지요. 그리고 아무도 모르게 아주 작게 속삭였습니다.

"나는 그냥 여자가 아니야. 나는 사람이야. 그림은 사람이 하는 일이야. 그러니까 나는 사람이 할 수 있는 일을 하는 것뿐이야. 만약 그림 때문에 시집을 못 간다면 그래도 좋아. 나는 그림을 그릴 거야. 그게 내가 나답게 살아가는 이유야!"

한편, 안방에 마주보고 앉은 어머니와 아버지도 같은 생각을 하고 있었지요.

'어떡하면 좋은가! 인선이에게 웬만한 그림 그리는 남자 어른들보다도 뛰어난 재능이 있는데, 여자라 하여 아무것도 못 하고 집안 살림만 해야 한다니……. 하늘은 어쩌자고 여자아이에게 이런 재능을 주셨는가. 정말 안타깝고 슬픈 일이구나…….'

"인선이만 생각하면 내 가슴이 새카맣게 타들어 갑니다. 나처럼 평범한 여자로 자란다면 얼마나 좋겠습니까……."

어머니는 눈물을 흘렸습니다.

"어허, 이건 걱정은 되지만 그렇다고 슬퍼할 일은 아니오. 재주를 주는 것은 하늘의 뜻이요. 한 사람이 남자 여자를 떠나 글에 능하고 그림을 잘 그리는 것은 하늘이 주는 복이란 말입니다. 우리는 이제부터 정신 똑바로 차리고 인선이가 시집을 가서도 꿈을 펼칠 수 있는 신랑감을 찾아 봅시다."

아버지는 어머니의 등을 부드럽게 토닥이며 위로해 주었습니다.

3. 가슴에 뜻을 품다

사람은 흔히 여러 가지를 잘하기 힘들다고 말합니다. 그러나 요즘 같은 경쟁 사회에서는 잘하는 게 여럿 되어야 성공할 수 있다고 믿기에 뭐든 다 잘하려고 합니다.

그러나 인선이는 이름을 날리고 싶어 하거나 큰돈을 벌려고 그림도 잘 그리고 글도 잘 쓰며, 글공부까지 잘한 게 아니었습니다. 요즘 표현으로 하면 예능 분야뿐만 아니라 학문의 실력도 뛰어난 것이지요.

예전에는 붓글씨를 잘 쓰는 것도 학자나 양반들이 갖추어야 할

아주 중요한 덕목이었는데, 인선이는 이 분야에서도 평범하지 않았습니다. 특히 붓글씨를 잘 쓰려면 한문 공부와 한시 공부를 철저히 해야 합니다. 그런데 인선이는 아직 십 대의 나이에 글공부를 열심히 했으며, 붓글씨도 훌륭하게 써 내려 갔답니다.

아쉽게도 신사임당의 글씨는 초서(필획을 가장 흘려 쓴 서체로, 획의 생략과 연결이 심하다) 여섯 폭과 해서(똑똑히 정자로 쓰는, 한자 서체의 하나) 한 폭만이 남아 있을 뿐이지요. 하지만 전문가들은 "신사임당의 글씨에서도 한 예술가이자 올바른 한 사람으로서의 고상한 정신과 기백을 얼마든지 느낄 수 있다"라고 말하며 칭찬을 아끼지 않지요.

이런 기록도 있습니다. 신사임당이 세상을 떠난 지 320여 년이 지난 1868년쯤의 일이지요.

강원도의 강릉부사로 부임해 온 윤종의는 사임당의 글씨를 보고는 감탄했습니다. '아니, 이 시골에 이렇게 뛰어난 실력을 지닌 사람이 있었다는 것도 놀라운데, 그 사람이 여자라니! 이토록 아름답고 훌륭한 글을 그저 동네 사람 몇몇만 보게 할 수는 없지. 영

원히 후세에 남겨서, 자자손손 온 백성이 다 보고 배울 수 있게 하자.'

그래서 윤 부사는 신사임당의 글씨를 나무에 그대로 새겨 넣어서 오죽헌에 보관하게 했습니다. 그리고 자신이 직접 신사임당의 글을 보존하는 이유 등을 적었습니다.

"붓으로 정성 들여 쓴 글자 하나하나마다 그은 획이 그윽하고 고상하여 정결하고 고요하도다. 이것은 신사임당께서 중국의 태임의 덕과 예술성 못지않게 뛰어남을 알 수 있다"라며 깊은 존경심을 나타냈답니다.

'태임'은 중국 고대 주나라의 문왕의 어머니인 태임(太任)이지요. 태임은 교만하거나 함부로 행동하지 않았습니다. 모든 언행이 존경받을 만하며, 글과 그림에도 뛰어나서 오랜 세월 동안 여성들이 본보기로 삼은 인물이지요. 남자들도 함부로 얕볼 수 없는 여성이었지요. 그래서 신인선은 태임처럼 덕과 예술을 겸비한 여성이 되고 싶어 사임당이라는 호를 스스로 갖게 되었습니다.

그런데 인선이란 여자아이가 이렇게 열심히 글공부를 한 이유가 무엇일까요? 이 점 역시 그 당시의 역사적, 사회적 배경을 잘 알아야 한답니다.

인선이의 마음 깊이 올바른 정치에 대한 생각을 하게 된 일이 있는데, 그중 하나는 아버지가 진사에 합격한 때였습니다.

'나는 아버지께서 급제하셔서 나랏일을 하게 된 게 정말 좋아. 나처럼 여자는 하고 싶어도 못 하잖아. 아버지는 참으로 훌륭하신 분이셔. 아버지, 진심으로 존경하옵니다…….'

인선이는 이렇게 생각했지요.

그래서 더 열심히 그림을 그렸습니다. 진사가 되어서 한양으로 가는 아버지에게 그림 선물을 하고 싶었거든요.

인선이는 온 정성을 다해 그린 그림을 들고 아버지에게 갔습니다.

"아버지, 축하 선물로 드리고 싶어서 그렸어요. 부족하지만 기쁘게 받아 주세요. 그리고 한양에서 나랏일을 하시다가 힘드시면 이 그림을 보고 힘을 얻으세요."

"허허허. 우리 인선이한테 선물을 받다니! 과거에 합격한 보람이 있구나. 그래, 어디 좀 보자."

아버지는 조심스레 그림을 펼쳐 보았습니다.

"아니, 이건 무얼 그린 거냐?"

아버지의 얼굴이 갑자기 어두워졌습니다.

"아버지, 그림이 마음에 안 드세요? 아니면 제가 잘못 그린 부분이 있는지요?"

인선이의 얼굴도 어두워졌습니다.

"인선아, 너무 걱정 마라. 그런 게 아니란다. 인선아, 네가 그린 게 무어지?"

인선이는 놀랐습니다.

'한눈에 보아도 맨드라미꽃인데 왜 물으시지? 분명 내가 무언가 잘못 그려서일 거야……'

인선이는 초조한 마음으로 대답했습니다.

"아버지, 이것은 맨드라미를 그린 것입니다."

"맨드라미? 그렇구나. 나도 알지."

"그런데 왜 그러시나요?"

그림 안에는 맨드라미 말고도 산국화와 나비, 쇠똥벌레 등이 있었습니다. 쇠똥벌레 세 마리는 아주 열심히 쇠똥을 굴리며 일을 하고 있고, 나비는 맨드라미 주변을 무리 지어 날아다니고 있었지요.

"네가 몇 달 전에 그린 맨드라미하고는 너무도 차이가 나서 놀랐구나. 한마디로 말해서 붓 놀리는 솜씨가 그때와는 비교도 되지 않을 정도로 훌륭해졌구나."

그제야 인선이는 마음이 놓이는지 얼굴이 다시 밝아졌습니다.

"그런데 인선아, 맨드라미를 일컫는 또 다른 이름이 무언지 아느냐?"

"그럼요, 꽃 모양이 닭 볏처럼 생겼다고 해서 '계관화'라고 하지요."

인선이는 자신 있게 대답했습니다.

"역시 너답게 잘 알고 있구나. 그래. 닭의 볏이 관직에 오른 사람이 쓰는 모자와 비슷하게 생겼지. 그래서 관직에 오르는 것을 벼슬한다고 하는 것이란다. 벼슬이란 닭 벼슬을 말하는 것이지. 이것도 알고 있었느냐? 그리고 쇠똥벌레와 나비는 백성들이란 것도?"

"네, 아버지."

"허허허, 그럼 네가 앞뜰과 뒤뜰에 수많은 꽃들이 있는데도 맨드라미를 그린 것은 아버지가 더 높은 벼슬을 하라는 뜻이 담긴 것이더냐?"

"네에……. 저는 아버지께서 백성들을 위해 높은 자리에 올라 큰일을 하셨으면 합니다. 그리고 저희가 아들 없는 여자 형제만 있는 집이라 그 누구도 벼슬을 하지 못하니 이 한을 아버지께서 대신 풀어 주셨으면 하는 간절한 마음에서 맨드라미를 그렸습니다."

인선이는 빠르지 않게 그러나 깊은 진심이 담긴 목소리로 말했습니다.

"너는 정말 열 아들보다 낫구나. 네 기상과 뜻은 어느 사내대장부만 못하겠느냐! 그러나……."

아버지는 깊은 한숨을 내쉬었지요. 그리고 잠시 말없이 창밖 너머 하늘을 올려다보았습니다.

'우리 인선이는 시대를 잘못 만나 여자라 하여 재주를 펼치지 못하고, 나는 당파 싸움에 찌든 정치판 때문에 이렇게 살고 있고……. 인선아, 아비인 나도 여자인 너도 참 안타까운 사람들이

구나. 언제나 좋은 세상이 오려나⋯⋯.'

아버지는 속으로 이렇게 생각하고는 말머리를 다른 데로 돌렸습니다.

"인선아, 요즘도 그림 외에 글공부도 잘하고 있지? 아까 네 외조부께서 말씀하시기를 네가 이제는 『사략』을 읽는다고 하시더구나. 그 어려운 걸 읽다니. 그래, 읽을 만하느냐? 이해하기 어렵지는 않느냐?"

『사략』이란 역사 이야기를 아주 간략하게 적은 책이지요.

"네, 어려운 책이지만 외할아버지와 외할머니, 그리고 어머니께서 제가 질문할 때마다 알려 주시니 얼마나 재미있게 읽는지 몰라요. 날마다 읽고 읽으면서 역사의 뜻을 알아가고 있습니다. 역사를 공부하니 인간이 무엇을 잘못하고 잘하는지 알 수 있답니다. 정말 제대로 된 정치를 하려면 역사 공부를 해야 한다고 생각합니다."

"대단하구나!"

아버지는 간단한 말로 칭찬했지만 속으로는 정말 깜짝 놀랐지요.

"그런데 인선아, 너는 여자라서 과거를 볼 수 있는 것도 아닌데, 왜 그리 글공부를 열심히 하는 거냐?"

"꼭 벼슬 때문만은 아닙니다. 어머니께서 늘 말씀하시길, 여자라고 배움을 게을리해서는 안 된다고 하셨어요. 그래서 여자도 글을 배워서 현명해져야만 남편을 잘 섬기고 자식을 잘 가르칠 수 있다고 하셨어요. 그것은 한 가정을 바로 세우고, 결국은 한 나라를 올바로 세우는 밑거름이라고 하셨거든요. 저는 어머니의 말씀이 백번 옳다고 믿어요."

"역시 너는 내 딸, 아니 조선의 위대한 딸이구나. 허허허."

아버지는 오랜만에 크게 웃었습니다.

그런데 어느 날, 마루에서 책을 읽던 인선이는 안방에서 흘러나오는 외할아버지와 아버지의 이야기를 듣게 되었습니다.

"이보게, 사위. 이제 자네가 진사인데 더 높은 벼슬길에 오를 생각이 있는가? 그렇다면 본격적으로 과거 준비를 더 해야 하지 않겠나? 진사는 아주 낮은 자리이니 어찌 집안을 빛낼 수 있겠는가?"

"장인어른께서 보시기에 지금 조선의 상황이 벼슬하기에 옳다고 생각하시는지요?"

인선이의 아버지, 신명화가 그동안 과거를 보지 않은 것은 간신배들이 판을 치는 벼슬판에 나아가고 싶지 않았기 때문입니다.

"사내로 태어나 벼슬을 하여 백성들에게 큰 도움을 주는 정치를 하는 게 나쁜 것은 아니지. 그리고 임금님께서 나랏일을 잘하시려면 아무래도 실력 있는 사람들이 많이 필요하지 않겠나? 그러니 자네처럼 능력 있는 사람이 임금님을 보필한다면 얼마나 좋은 일인가? 다만 대나무처럼 곧은 성품인 자네가 정신없는 정치판에서 어떻게 조화를 이루며 살아갈지가 걱정이네."

"장인어른, 저도 그게 제일 걱정이라 더 이상의 높은 벼슬자리는 원하지 않는답니다."

"정녕 그게 자네의 뜻이라면 더 이상 높은 벼슬자리에 대해 말하지 않겠네."

두 어른의 이야기를 들은 인선이는 조용히 뒤뜰로 갔지요. 그리고 생각했습니다.

'아버지가 나랏일 때문에 한양에만 머무르게 되어서 강릉 집에 자주 못 오시는 건 그렇지만, 그래도 나라를 위한 일을 하신다는 건 정말 자랑스러워. 하지만 아버지가 실력이 없으신 것도 아닌데 좀 더 높은 자리에 오르시면 좋을 텐데…….'

그러나 인선이의 생각이 완전히 바뀌는 사건이 일어났습니다. 인선이가 열여섯 살 되던 해였지요.

조선 중종 14년(1519) 때였는데, 이때 철학자이자 정치가이며 개혁가였던 조광조와 연관된 '기묘사화'라는 커다란 사건이 일어났지요.

기묘사화는 정치적인 사건이었습니다. 백성들을 괴롭히던 연산군을 몰아낸 중종이 나라를 바로 세우려 애를 쓰고 있었습니다. 그래서 많은 선비들이 중종의 뜻을 받들어 나라 구석구석을 개혁하는 데 힘을 다했고, 조광조는 그 활약이 뛰어났습니다. 조광조는 연산군 때처럼 나라를 어지럽히는 간신배들을 모두 몰아내고 백성들이 잘 사는 나라로 만들기 위해 나쁜 제도를 고쳐 나갔지요.

조광조는 유교가 말하는 이상적인 정치를 실현하기 위해 미신을 없애고, 젊은 학자들을 많이 불러들였습니다. 또한, 나라의 재정 안정을 위해 하는 일 없이 나랏돈만 축내는 조선 개국 공신들의 문제도 주장했습니다. 이 의견은 많은 호응을 얻어 마침내 개국 공신 4분의 3에 이르는 사람들이 녹을 받지 못하게 되었지요. 이것은 조광조처럼 젊은 '신진파'가 나이 든 개국 공신들인 '훈구파'와 정면대결을 한 것입니다.

자, 이제 어떤 일이 벌어졌을까요? 조광조의 반대 세력들은 음모를 꾸몄습니다. 이 음모 때문에 벌어진 것이 무시무시한 기묘사화입니다.

하루는 왕이 궁궐을 산책하는데, 길 한복판에 벌레 먹은 잎들이 떨어져 있었지요. 그런데 이상하게도 나뭇잎마다 같은 글자가 마치 구멍을 낸 듯 훤히 드러나 보였습니다. 이것은 조광조의 개혁을 반대하는 무리들이 나뭇잎에 꿀로 '주초위왕(走肖爲王)'이라는 글자를 써서 벌레가 그 글씨를 먹도록 만든 것들이었습니다.

"아니, 이게 무슨 징조인가?"

놀란 임금이 물었지요. 그러자 반대파 신하들은 이때를 놓치지 않으려는 듯 재빨리 억지 해석을 왕에게 풀어 놓았습니다.

"상감마마, 이런 말을 하기는 참으로 송구스럽지만, '주초위왕'은 주초가 왕이 된다는 뜻인데, 주(走)와 초(肖)의 한자어를 합치면 '조(趙)'라는 글자가 됩니다. 그것은 결국 요즘 개혁을 한다고 설치고 있는 조광조의 성인 '조'자가 됩니다. 즉 조광조가 왕이 되려 한다는 것이지요."

"뭐? 조광조?"

"상감마마, 지금 조광조는 자기가 왕이 되려고 역모를 꾸미고 있습니다. 이 잎들이 그 증거입니다. 이는 하늘이 알려 준 신호입니다."

중종은 안타깝게도 거짓 보고에 마음이 흔들렸지요. 결국은 조광조와 신진 세력들은 목숨을 잃거나 유배되고, 조광조는 겨우 서른아홉 살에 세상을 떠납니다. 이 사건이 1519년 기묘년에 일어나서 '기묘사화'라고 합니다. 조광조의 정치 개혁은 실패로 끝났지만 그의 학문과 인격을 존경하는 후학들은 그의 사상을 조선의 중심 사상으로 발전시켰지요.

그런데 이 사건에 인선이의 아버지도 깊이 연관이 되어 집안에 큰 화가 닥칠 뻔했답니다.

　인선이의 아버지, 신명화는 출세나 벼슬에 뜻이 없어 과거에 응시하지 않았습니다. 그러다 마흔 살이 넘어서야 낮은 직분인 진사가 되었고, 그 이상의 벼슬자리는 절대 하지 않았습니다.

"여보게, 고작 진사 자리만 하다가 일생을 마치려는가?"

"사내대장부로 태어났으면 높은 벼슬자리를 해야지!"

주위에서 아무리 이렇게 말해도 신명화는 꿈쩍도 하지 않았습니다.

"난 조용히 살고 싶어"라고 말했지만, 사실은 '하루도 쉬지 않는 정치 싸움에 신물이 나. 그들은 나라와 백성을 위한다지만 알고 보면 대부분 자기들 배만 불리고 있지. 나도 아마 높은 벼슬에 오르면 그런 더러운 정치꾼이 될지도 몰라. 정치는 이렇게 사람을 변질시키지'라고 생각하고 있었거든요.

인선이의 아버지는 조용히 생활했습니다. 그러다가 마흔네 살 되던 1519년, 피바람이 분 기묘사화가 일어났지만, 벼슬을 하지 않았던 덕에 화를 면할 수 있었지요. 왜냐하면 기묘사화 직전까지 신명화는 조광조 측에서 개혁에 합류하자는 권유를 수없이 받았거든요.

정말 아찔한 일이지요. 만약 인선이의 아버지가 높은 관직에 있다가 기묘사화 때에 화를 입었다면 오늘날 우리는 신사임당이 누구인지도 몰랐을 겁니다. 왜냐하면 이 시대에는 아버지가 큰 벌을 받으면 집안 식구 모두가 목숨까지 잃는 벌을 받았으니까요.

이렇게 어른들과 한양에서의 일들을 하나하나 보고 들으며 자란 인선이는 자신의 생각을 정리했지요. '높은 벼슬자리가 그렇게 중요한 게 아니야. 하루도 마음 편히 살지 못하잖아. 그리고 어른들의 정치 싸움을 보니 진정으로 백성을 위한 정치가 무엇인지도 어느 정도 알 것 같아. 만약 내가 남자라면 관직에 올라 나라와 백성을 위해 진실하게 일할 거야! 하지만 나는 여자야. 조선에서 여자가 정치는 할 수 없는 일! 대신 나는 내가 가장 잘할 수 있고, 좋아하는 글과 그림을 게을리하지 않을 거야. 그것이 나의 인생을 값지게 만들고 사람들을 즐겁게 해 주는 길이야!'

어머니는 인선이의 이러한 마음을 잘 알고 있었어요. 그래서 어머니는 인선이뿐만 아니라 모든 딸들에게 여러 공부를 가르쳐 주었는데, 특히 '삼종지도(三從之道)'에 신경을 썼지요. '삼종지도'는 중국의 『예기』라는 책에 있는 말로, 여성들이 지켜야 할 세 가지 도리를 말하지요.

어려서는 아버지를 존경하며 따르라.

시집가서는 남편을 존경하고 잘 섬겨라.

남편이 죽어서는 아들을 따라 살라.

이것을 따라 사는 것이 조선 시대 여성들의 삶이었습니다. 부모와 남편과 자식을 위해 일생을 바치는 것을 여자의 가장 큰 미덕으로 여기는 사회였으니까요.

"인선아, 아버지의 말을 잘 듣거라. 맹자님께서 이런 말씀을 하셨단다. '하늘이 어떤 사람에게 장차 큰 사명을 맡기려 할 때는 반드시 먼저 그 마음과 뜻을 흔들어 고통스럽게 하고, 그 몸을 지치고 힘들게 하여 그 생활을 곤궁하게 하며, 하는 일마다 어지럽게 하는데, 이는 그의 마음을 두드려서 참을성을 길러 주어 지금까지 할 수 없었던 하늘의 사명을 능히 감당하도록 하기 위해서이다.' 이게 무슨 뜻인지 아느냐?"

인선이는 눈을 반짝이며 대답했습니다.

"네. '사람으로 태어나서 옳은 일을 하려면 어떠한 시련도 이겨

내야 한다. 그러므로 아무리 힘든 어려움이 있어도 뜻을 이루기 위한 과정으로 여기고 이겨 나가라. 이러한 관문을 통과하는 사람은 꼭 뜻을 이룰 수 있다.' 이런 의미가 아닌지요?"

"허허허! 장하구나! 네가 사내였다면 정승을 하고도 남았겠구나! 잘 들어라, 인선아. 비록 너는 여자이지만 분명 너의 역할이 있을 테니 늘 실력을 키우는 일을 게을리하지 말거라. 하늘은 준비된 자에게 기회를 주는 법이니라."

아버지의 목소리에 진중함이 그득했습니다.

"늘 명심하겠습니다, 아버지."

아버지의 말씀을 가슴 깊이 새기는 인선이의 두 눈이 반짝였습니다.

4. 뛰어난 예술가로, 올바른 한 사람으로 뿌리를 내리다

그날 이후로, 인선이는 달라졌습니다. 스스로 자신을 바로 세우기 시작한 것입니다. 단순히 그림이 좋아 그리는 것 말고, 자신의 인생을 생각하기 시작했지요.

인선이는 먼저 자기 호를 지었습니다. '사임당(師任堂).' 성을 붙이면 '신사임당'이지요. 앞서 말했던 중국의 태임의 덕스러운 삶을 본받겠다는 뜻으로 사임당이라는 호를 만든 것입니다. 인선이는 이때부터 자기의 그림이나 글씨를 완성하고 나면 '신사임당'이라고 써 넣었지요.

어느 날이었습니다.

아버지가 집에 들어서면서 의기양양하게 웃음소리를 냈습니다. 온 가족은 '아버지가 벼슬자리가 높아져서 그러한가'라고 생각했지요.

하지만 그게 아니었습니다. 아버지는 며칠 전 한양에서 출발할 때부터 가슴이 벅차서 잠을 제대로 못 잤을 정도였지요. 인선이의 그림 공부를 위해 무얼 선물하면 좋을까 하며 내내 생각하느라 고민 많던 아버지였습니다. 그런데 다행히도 한양에서 좋은 그림 자료를 구해 왔으니 아버지의 기쁨이 온 집안을 흔들 정도로 컸지요.

"아니, 자네 무슨 좋은 일이 있기에 호랑이처럼 호탕하게 웃는가?"

외할머니가 물었습니다.

아버지가 강릉에 오면 온 식구가 안방에 모여 앉는 인선이네입니다. 인선이의 가슴은 두근두근 뛰었습니다.

'분명히 아버지가 좋은 그림책을 가지고 오셨을 거야.'

아버지는 보따리를 풀어서 식구들에게 소박하지만 꼭 필요한 선물들을 하나씩 전했습니다. 아버지는 늘 그랬던 것처럼 인선이에게는 그림집을 선물로 주었습니다.

다음 날이었습니다.

아침 식사를 마치자, 인선이가 그림집을 가지고 아버지에게 왔습니다. 아버지는 내심 인선이가 '고맙습니다' 하고 인사하기를 기다렸지요. 하지만 인선이는 그 누구도 생각지 못한 말을 했습니다.

"아버지, 이번 책은 어디서 구하셨나요?"

인선이의 얼굴은 어제와는 달리 기쁜 빛이 하나도 보이지 않았지요.

"왜 그러느냐? 이번에는 한양에서도 구하기 힘든 아주 귀한 중국의 그림 교본을 구하느라 아버지가 얼마나 애쓴 줄 아느냐? 이 책은 우리나라는 물론 중국의 화가들도 공부한다는 그림 교본이란다. 유명한 화가들도 다 이 그림본을 참고한다고 하더구나. 그러니 너에게도 얼마나 큰 도움이 되겠느냐? 그런데 네 얼굴은 기쁜 기색이 전혀 없구나. 이유가 무엇이냐?"

"아버지, 저는 처음에 이 책을 한 장 한 장 넘기면서 얼마나 감격했는지 모릅니다. 매화, 국화, 백로, 소나무, 난초 등등 제가 그렸거나 그리고 싶은 것들의 그림이 다 있어서요. 단번에 보았어요. 그런데 다시 한번 책을 펼치며 한 장 한 장 정신 차려 보는 순간 깜짝 놀랐지요."

"책에 무슨 문제가 있느냐? 그 책은 아버지의 친구가 중국에서 직접 사 온 책인데……."

아버지는 인선이의 표정을 조심스레 살펴보았습니다.

그림집을 넘기던 인선의 얼굴은 어두워졌습니다.

"아버지, 감히 말씀 드리는데…… 책에 문제가 있어서가 아닙니다. 책 속에 있는 그림들은 모두 뛰어난, 최고로 솜씨 있는 작품들입니다. 그런데 이상하게도 다 어디서 본 듯한 느낌이 들었습니다. 왜 그러지? 하고 곰곰이 생각해 보니 의문이 풀렸지요. 바로 그동안 아버지께서 우리나라 화가들이 그린 작품이라고 가져다주신 그림들과 책 속의 그림이 거의 같다는 점이었습니다. 아버지, 그렇다면 우리나라 화가들은 이 그림 교본을 그대로 베껴서 그렸다는 말이지요?"

아버지는 깜짝 놀랐습니다.

"이런! 인선아, 무얼 보고 그런 생각을 하게 되었느냐?"

인선이는 그림 하나를 펼쳐 보였습니다.

"이 그림은 내가 저번에 사다 준 쏘가리 그림이구나. 이 화가는 아주 유명해서 한양에서 최고 대접을 받고 있단다. 그런데 왜 이걸?"

"아버지, 이것 좀 보세요. 우리나라 화가가 그린 이 쏘가리 그림이 좋아서 제가 자주 베껴 그렸습니다. 넓적하고 입도 크고 길이도 긴 것이 능청스럽게 보여서 재미있지 않은가요?"

"그렇지."

"그런데 얼마 전에 마을 사람이 쏘가리를 잡았다며 우리 집에 선물을 했습니다. 저는 쏘가리를 드디어 보는구나, 하며 반가운 마음에 부엌으로 갔지요. 그런데 아주 실망하고 말았어요."

"그건 왜지?"

"제가 부엌에서 본 쏘가리는 그림 속의 쏘가리와는 너무나 다르게 생겼거든요. 실제 쏘가리는 우리나라 화가가 그린 쏘가리보다 훨씬 작고 날씬했어요. 그래서 저는 쏘가리를 잡아 선물로 준 사람에게 그 물고기가 정말 쏘가리가 맞느냐고 물었습니다. 제가 그림으로 본 쏘가리는 넓적하고 살이 많은 것이라고 하자, 그 사람이 웃으면서 그런 모양을 한 것은 조선 쏘가리가 아니라 중국 쏘가리라고 했습니다."

"그런 일이 있었구나! 그렇다면 그 화가는 조선의 쏘가리가 아니라 중국 쏘가리를 보고 그렸다는 말이구나? 우리나라에는 중국 쏘가리가 들어올 일이 없는데, 어디서 그 물고기를 구해서 그렸지? 중국에 가서 보고 그렸나?"

아버지는 머리를 갸웃했습니다.

"아버지. 저는 이 유명한 화가가 어째서 우리 쏘가리가 아닌 중국 쏘가리를 그렸는지 궁금하게 생각해 왔어요. 그런데 아버지께서 주신 교본을 보고 그 의문이 풀렸습니다. 이 화가는 강가에 나가 직접 쏘가리를 보고 그린 것이 아니라 중국 교본을 베낀 것이지요. 분명합니다. 여기 두 그림과 제가 우리나라 쏘가리를 보고 그린 것, 모두 세 그림을 보고 비교해 보세요. 아버지께서 직접 살펴보시고 제 잘잘못을 가려 주세요."

"그래, 어디 보자."

아버지는 중국에서 사 온 그림 교본의 쏘가리와 조선 화가가 그린 쏘가리, 마지막으로 인선이가 직접 보고 그린 것 등 그림 세 점을 찬찬히 살펴보았습니다.

얼마나 시간이 흘렀을까요. 드디어 아버지의 판단이 나왔습니다.

"이런! 네 말이 백번 옳구나. 과연 중국 쏘가리는 퉁퉁하고 길구나. 그리고 조선의 화가가 그린 것은 중국 쏘가리랑 정말 같은 생김새구나. 그런데 인선이 네가 직접 보고 그린 쏘가리는 작고 날렵한 모양이구나. 내가 어릴 때 강에서 쏘가리를 잡기도 했는데……, 왜 미처 이 점을 발견하지 못했을까?"

아버지는 스스로 부끄러웠습니다. 유명 화가의 작품이라 하여 무조건 훌륭하다고 칭찬했었거든요. 사실, 아버지뿐만 아니라 거의 모든 사람들이 그랬지요.

그러나 인선이는 기뻐서 가슴이 터질 것 같았습니다.

'아버지가 나를 인정해 주셨어!'

아버지는 어른이라 하여 무조건 자기주장만 내세우는 사람이 아니었지요.

"인선아, 네 앞에서 할 말이 없구나. 선입견에 사로잡혀 그림을 제대로 보지 못하다니. 아무튼 네가 그린 것이 진짜 조선의 쏘가리 그림이구나. 그런데 중국 그림집을 보니 이런 식으로 사물을 직접 보지도 않고 그대로 베낀 경우가 많이 있더냐?"

"네, 아버지."

인선이는 자기가 그런 것처럼 붉어진 얼굴로 작게 대답했습니다. 비록 어른 화가들의 잘못이지만 조선 사람으로서 창피했거든요. 그리고 자신이 스승으로 삼은 화가들의 그림이 중국 그림을 베낀 것이라는 사실은 큰 실망과 충격을 주었지요.

하지만 성공하는 사람들, 자기 분야에서 독보적인 성과를 이루는 사람들은 특별한 점이 있지요. 어떠한 어려움도, 절망의 이유도 결국은 자기를 발전시키는 기회로 삼는다는 것이지요. 인선이가 그랬습니다. 인선이는 이번 일을 계기로 결코 남의 것을 모방하지 않고 자신만의 그림을 그리겠다는 다짐을 했거든요.

'남의 그림을 베낄 바에는 차라리 그림을 그리지 않을 거야! 하늘에 떳떳한 화가가 될 거야!'

아버지와 어머니가 인선이의 글은 물론 그 정신과 생각에 감동받는 일은 한두 번이 아니었습니다. 이런 일도 있었지요.

"아버님, 어머님."

인선이가 안방 문을 두드렸습니다.

"들어오너라."

인선이는 부모님 앞에 그림 한 점을 펼쳤습니다. 그런데 이게 무슨 일인지요.

"아니?"

어머니가 실망 가득한 탄식을 내뱉었습니다. 아버지의 얼굴은 심각했습니다.

"인선아, 이건……."

어머니는 겨우 한마디 했습니다.

"수박은 수박인데 탐스럽게 둥그런 수박이 아니라 쥐가 갉아먹은 것처럼 껍질이 쪼개져 빨간 속살이 드러나 있는 흉한 수박이구나."

아버지가 조심스레 인선이의 얼굴을 보며 말했지요.

"인선아, 왜 하고 많은 수박 중에 이렇게 깨져 버린 아니, 자세히 보니 쥐가 갉아 먹은 듯한 흉한 수박을 그렸느냐?"

어머니도 찬찬히 물었습니다.

"놀라셨어요?"

당황하는 부모님의 얼굴과는 달리 인선이의 얼굴은 즐거움이 가득했습니다.

"저는 그동안 그림 교본에 있는 대화가들의 수박 그림을 보고

그렸지요. 그러다가 이번에 처음으로 뒤뜰에 있는 진짜 수박을 보고 그린 겁니다. 왜 제가 그동안 이 생각을 못했는지 많이 아쉬웠어요. 아직 제 마음속에 대화가의 그림을 자연보다 더 좋게 여긴 점이 있었나 보아요."

인선이는 어른스럽게 제 깨달음을 전했습니다. 그리고 말을 이었지요.

"그런데 하필 제가 그림을 그리려고 했던 수박에 저보다 먼저 찾아온 손님이 있었어요."

"손님?"

부모님이 동시에 물었습니다.

"네. 서생원, 쥐였어요. 쥐 한 마리가 살금살금 오더니 제가 그림 그리려고 점찍어 놓은 수박을 갉아 먹기 시작하는 거였어요."

한지 안에는 수박과 수박을 파먹는 들쥐 두 마리 외에도 패랭이꽃과 나비, 나방 등이 있었습니다. 마치 눈앞에 수박 밭이 있는 듯한 그림이었지요.

"아니, 쥐가 징그럽지도 않았니?"

어머니는 얼굴을 찡그렸습니다.

"아니에요. 참 재미있어서 저는 아주 조심스레 숨소리도 죽이며 앉아서 지켜보았지요. 쥐는 누가 수박을 빼앗아 갈까 봐 염려되는 양 어찌나 빨리 갉아 먹던지 순식간에 수박의 빨간 속살이 드러났어요. 그리고 곧 배가 부른지 어디론가 또 재빠르게 사라졌답니다."

"그래서 그랬구나?"

엄마는 얼굴이 밝아졌습니다.

"그건 아니고요. 아버지께서 가져다주신 그림 교본을 보기 전에는 그런 것을 그림으로 옮길 생각은 하지도 못했어요. 그런데 교본을 보고 나니 다른 사람의 그림은 볼 것이 없다는 생각이 들었어요. 제 스승을 다른 화가들에서 찾을 것이 아니라 천지만물이 있는 자연에서 찾기로 했습니다. 그래서 잊지 않고 이 장면을 그린 것입니다."

아버지는 속으로 크게 놀랐습니다.

'내 딸이 어느새 어엿한 예술가로, 뛰어난 성품의 소유자인 한 인간으로 자랐구나! 장하구나, 인선아!'

어머니의 마음도 마찬가지였지요.

'어른들이 해 준 것도 별로 없는데 저렇게 어엿한 생각을 하다니! 열 사내아이보다 낫구나! 너는 분명히 훌륭한 아내와 어미 노릇도 하겠구나.'

인선이는 부모님의 마음을 모른 채 자기 그림을 다시 한 번 바라보았습니다. 그때 아버지가 웃음 가득한 목소리를 냈습니다.

"그런데 그림 귀퉁이에 뭐라고 낙관을 찍은 것이냐? 어디 보자. 사, 임, 당. 사임당이 네 호더냐?"

"네 스스로 호를 지었느냐?"

어머니도 물었지요.

"네. 이제 새로운 마음으로 그림을 시작하니 사임당이라고 적거나 낙관을 할 생각입니다. 다시는 다른 사람의 그림으로 공부하지 않고 제가 본 것만 그리겠다는 증거로 말이에요."

"좋은 생각이구나."

아버지는 크게 기뻐하며 물었습니다.

"그런데 사임당이란 호에 담긴 뜻이 무엇이냐?"

"맹자도 공자를 스승으로 모셨으니, 저도 스승이 필요하다고 생각합니다. 특히 그림 그리는 일은 유명 화가가 아니라 자연을 본받고, 삶은 현명한 어머니였던 태임을 본받고자 하는 마음에서 제가 지었습니다."

"참으로 기특하구나."

어머니는 인선이의 머리를 쓰다듬어 주며 말을 이었습니다.

"중국 주나라 문왕의 어머니인 태임 부인은 문왕이 배 속에 있을 때부터 교육을 시작하였지. 그것을 태교라고 하는데, 온 백성이 태임 부인의 이름과 합해서 태임지교라며 존경했단다. 이것이 태교의 시초라고도 하지. 중국의 고전인 『열녀전』을 보면 태임 부인이 행한 태교의 기록이 있는데, 이런 부분이 기억나는구나. 태임 부인이 아기를 갖게 되자 눈으로는 나쁜 빛깔을 보지 않고, 귀로는 옳지 않은 소리를 듣지 않으며, 입으로는 오만한 말을 하지 않으며 태교를 실천했다는 기록이지."

어머니가 말을 마치자 아버지가 뒤를 이었습니다. 인선이가 사임당이라고 호를 지은 것을 격려하는 마음에서였지요

"그렇게 해서 태어난 문왕은 주 왕조의 기초를 닦은 명군으로 알려져 있단다. 문왕은 50년간 왕위에 있으면서 백성들에게 널리 덕을 베풀어 성군이라 칭송을 받았지."

그날 인선이의 집은 그림 한 장 때문에 기쁨이 넘쳤습니다. 형제들도 인선이를 아낌없이 칭찬해 주었지요. 시집간 언니도 이 사실을 알았다면 함께 칭찬해 주고 격려해 주었을 겁니다.

5. 딸의 자리에서 아내와 며느리의 자리로 옮기다

결혼하는 것으로 여자의 인생이 완성되는 것처럼 생각되던 시대였기에, 인선이의 부모도 결혼 문제를 신중히 생각했습니다. 왜냐하면 여러 집안에서 결혼을 하자는 청이 들어왔거든요.

인선이는 단아하고 기품 있는 외모도 인정받았지만 무엇보다 집안 살림도 잘하고, 지혜도 뛰어나다는 점이 자자하게 소문나 있었습니다. 게다가 글도 잘 쓰고 그림 실력은 이미 한양에까지 알려졌기에 장성한 아들이 있는 집마다 아들의 미래에 도움이 될 것 같아서 인선이를 며느릿감으로 원했지요.

그러나 인선이의 부모는 어느 집의 아들도 마음에 들지 않았습니다. 관직이 높아도, 엄청난 부잣집이어도, 출중하게 잘 생겨도, 호랑이를 맨손으로 잡을 만큼 힘이 세도 선뜻 사위로 삼고 싶지 않았지요. 부모 마음의 소원은 오직 한 가지였습니다.

'우리 인선이가 결혼을 해서도 마음 놓고 글공부를 하고 그림을 그릴 수 있는 집안이어야 해. 그러려면 아내를 진심으로 사랑해 주고, 도와주려는 넓은 성품을 가진 남자가 인선이의 남편이 되어야지. 그런데 이런 사위가 있을까……'

인선이에 대한 소문은 한양에까지 퍼져 있던 터라 인선이를 며느리로 삼으려고 나서는 집안은 여럿 있었습니다. 그러나 신명화의 눈에 차는 신랑감은 쉽게 나타나 주지 않았습니다. 어떤 청년은 학문은 잘 닦았으나 속이 좁아 아내가 자기보다 똑똑한 것을 못 견딜 것 같았고, 성품이 온순한 청년은 외아들이어서 만일 혼인한다면 인선이가 고된 시집살이를 할 것 같았습니다.

'인선이의 남편 될 사람은 품성이 온화하고 너그러운 사람이어야 해. 또한 집안이 너무 으리으리해서 며느리가 속박받는 집이어서도 곤란하지. 하지만 이보다 더 중요한 것은 예술가와 여성을 존중하여 인선이가 마음껏 공부하며 그림을 그릴 수 있도록 도와줄 수 있는 사람이어야 해!'

그래서 아버지는 한양에 갈 때마다 사람들이 추천해 주는 사윗감들을 만나 보았습니다. 그들은 대부분 좋은 사윗감들이었습니다. 하지만 여성이나 여성 예술가를 대하는 의식이 아버지와는 사뭇 달랐지요.

"여자는 시부모님을 위해서 살아야지요."

"여자는 그저 살림 잘하고, 애 잘 낳으면 최고입니다."

"여자가 공부를 많이 하면 집안 살림을 잘 하지 않을 겁니다."

이러하니 아버지는 한숨이 깊어졌지요.

'우리 인선이를 그저 애 낳고 살림만 하는 것으로 일생을 마치게 할 수는 없는데……. 이러다가 아예 시집을 못 가게 되는 건 아닐까?'

이 시절에 여자가 시집을 못 가는 것은 말할 수 없을 정도로 수치스러운 일이었습니다.

하루는 누군가 사임당의 아버지를 찾아왔습니다. 아버지가 다시 강릉 집으로 내려가기 며칠 전이었지요.

"저의 주인 나리가 어르신을 모시고 오라 하셨습니다."

아버지는 잘 알고 있는 관리의 하인이 끌고 온 말을 타고 그 집으로 갔습니다.

"아니, 무슨 일로 나를 불렀는가?"

"여보게, 내가 자네의 사윗감을 구했네."

아버지는 친구의 말이 전혀 반갑지 않았습니다. 실망할 게 뻔하다고 지레 짐작했었지요. 이런 아버지의 마음을 눈치 챈 친구는 슬며시 웃으며 말했습니다.

"여보게, 미리 실망하지 말게. 나는 자네가 어떤 사윗감을 원하는지 알고 있지 않은가? 내가 추천하는 이 청년은 자네의 딸에게 정말 좋은 신랑감일세."

그래도 아버지는 마음이 놓이지 않았습니다.

잠시 뒤, 한 청년이 방으로 들어왔습니다. 아버지는 청년을 유심히 살펴보았습니다. 외모는 평범하고, 온순해 보였습니다.

"저는 이원수라고 합니다."

아버지는 이원수라는 청년과 차를 마시며 그의 집안 이야기를 들었습니다.

"저는 일찍 아버지를 여의고, 홀어머니와 함께 아주 가난한 어린 시절을 보냈습니다. 그래서 하고 싶은 학문을 마음껏 공부하지 못했습니다. 하지만 사람답게 사는 게 무언지 잘 알기에 늘 제 자신을 반성하며 성실하게 살고 있습니다."

이원수는 당당하게 자신을 소개했습니다. 그러자 아버지의 친구가 거들었지요.

"하하하, 이 청년은 생각이 깊고 성격이 느긋해서 웬만한 일로는 사람들과 다투는 일이 전혀 없지. 그래서 모두들 이 청년을 호인이라고 한다네. 그리고 청렴결백해서 아무리 잘못을 찾으려 해도 나올 게 없다네. 욕심 또한 적어서 큰 벼슬자리를 탐하려고 아첨하거나 아부하지 않는 걸로 유명하지."

어느 새, 아버지의 마음의 문이 조금씩 열렸습니다.

"그렇다면 내가 하나 묻겠네. 자네는 여자가 글공부를 하고, 그림 그리는 것에 대해 어떻게 생각하나?"

이원수는 거침없이 대답했습니다.

"여자도 사람입니다. 그러하니 글을 깨치고, 그림을 그릴 줄 안다면 인생의 반려자로 얼마나 좋은 것입니까? 함께 학문을 이야기하고, 함께 그림을 그리면서 살 수 있다면 그보다 더 훌륭한 아내가 있을까요? 저는 배움이 모자란 사람입니다. 그러하니 지혜로운 아내가 옆에 있다면 얼마나 든든할까요? 그런 아내를 얻는다면 저는 천군만마를 얻은 것처럼 행복하게 살 수 있을 겁니다."

그 순간, 아버지는 속으로 '합격!' 하고 외쳤지요.

'이 청년이라면 우리 인선이를 평생 맡겨도 되겠구나. 언행과 태도를 보아하니 남자라고 허세를 부리지도 않을뿐더러 자신의 배움이 모자란 것을 알고 있기 때문에 부인이 조금 더 안다고 해서 불편해하거나 수치스러워하지 않겠구나. 또한, 여자가 남자보다 뛰어나다 해서 억누르거나 열등감에 빠지지도 않을 거야.'

아버지는 하루 빨리 강릉에 가서 이 소식을 전하고 싶었지요. 그러나 아버지는 또 한 가지 문제로 마음이 복잡했습니다.

'이걸 어떡하지. 안 되겠다. 이왕 말이 나온 김에 확실하게 답을 받아 두자.'

마음을 정한 아버지는 이원수에게 다시 물었습니다.

"여보게, 우리 인선이는 아들잡이 노릇을 해야 하는데 괜찮겠나?"

이원수는 잠시 생각에 잠기는 듯하더니 곧 대답했습니다.

"어르신 댁에 아드님이 없으시군요. 그렇다면 그렇게 해야죠. 저희 집은 저 말고도 아들이 또 있으니 괜찮습니다. 자식으로 부모를 모시는 데에 아들 딸 구별이 있나요. 아들잡이 노릇을 하면

서까지 친정부모를 극진히 생각하는 여성이라면 분명 지아비에게도 존경하는 마음을 갖는 아름다운 사람일 거라 생각합니다."

아버지는 감동했습니다.

'유교 사상으로 여성과 예술가를 천대하는 세상에 이런 청년이 있다니! 집안이 가난하고, 벼슬자리가 낮으면 어떠하리! 사람 사는 것은 곧 마음과 생각이 어떠한지가 중요한 것이니……. 이원수라는 이 청년이야말로 우리 인선이의 천생배필이구나!'

아버지는 바로 그 자리에서 혼인을 약속하고 일어났지요.

1522년, 인선이가 열아홉 살이 되는 해였습니다.

강릉의 오죽헌과 집 앞의 너른 마당에 풍악이 울렸습니다. 드디어 스물두 살 이원수 청년과 열아홉 살의 아가씨가 결혼을 하게 되었습니다.

사람들은 인선이가 결혼을 하자, 사임당이라는 호로 불렀습니다. 결혼으로 이제 어른이 되었으니 어른 대접을 해 주는 거지요.

결혼을 하고 나면 며칠 뒤 시댁으로 가야 하나, 사임당은 그렇게 하지 않아도 되었습니다. 사임당이 친정에 오래 머물고 올 수 있도록 시어머니가 너그럽게 허락해 주었거든요.

사임당은 아침에 일어날 때마다 꿈을 꾸는 것처럼 행복했습니다. 결혼해서도 친정 부모님을 모시고 사는 게 무척 행복했거든요. 더구나 남편의 인품은 존경심이 들 정도로 기품이 있어 사임당은 아무 부족함 없이 지냈지요. 당연히 남편과 함께 글공부도 하고, 그림도 마음껏 그렸습니다.

하지만 사람이 늘 웃으며 지낼 수는 없지요. 이것이 인생의 법칙이기도 합니다.

사임당이 결혼하고 몇 달 뒤, 아버지가 돌아가셨지요. 사임당은 얼마나 울었는지 모릅니다.

'아버지…… 저는 아버지만 잃은 게 아닙니다. 아버지는 저의 학문과 예술의 스승이셨습니다. 저를 그 누구보다 인정해 주시고, 응원해 주셨잖아요. 아버지는 단 한 번도 빈손으로 강릉 집에 오시지 않으셨어요. 항상 책과 먹과 벼루, 그림을 그릴 수 있는 온갖 재료들을 사다 주시며 저를 격려해 주셨잖아요. 또한, 저의 미래를 위해 좋은 청년을 신랑감으로 찾아 주셨고요. 이 세상에 그 누가 아버지처럼 저를 인정해 주고, 사랑해 주며, 키워 주실 수 있을까요? 아버지가 계시지 않았다면 저는 지금쯤 어떤 사람이 되었을까요? 아버지, 저는 지금 너무 슬퍼 눈물조차 나오지 않습니다.'

사임당의 말이 옳습니다. 역사학자들은 말하지요.

"아버지가 없었다면 사임당은 자신의 재능을 전혀 꽃 피우지 못한 채 평범한 한 여자로서 일생을 마쳤을 것이다."

아버지의 삼년상을 마치자, 친정어머니가 사임당 부부를 불렀습니다.

"이보게, 아무리 우리 애가 아들잡이 노릇을 한다지만 더는 강릉 집에 있게 할 수가 없네. 이제 한양으로 가서 어머님을 모시고 살게."

"그리 아니하셔도 됩니다. 제 어머님께서 홀로 되신 장모님을 잘 모시라고 하였습니다."

이원수는 진심으로 말했습니다.

"아니네. 아무리 그래도 이건 도리가 아니지. 사임당과 같이 한양으로 올라가게."

그러면서 어머니는 사임당에게 말했습니다.

"얘야, 한양에 올라가거든 지금까지 너를 이해해 주고 기다려 주신 시어머님께 정성을 다하거라. 그리고 하루빨리 손자를 보아 드려야 하느니라."

"알겠습니다, 어머니. 다시 뵙는 날까지 몸 건강히 계세요."

사임당은 어머니가 걱정하실까 봐 아무렇지 않은 얼굴로 대답했지요. 그러나 어머니는 사임당을 안고 울었습니다. 사임당이 홀몸이 아니었거든요. 사임당이 첫아이를 임신한 상태라 어머니의 걱정은 아주 컸습니다.

며칠 뒤, 사임당은 남편과 함께 한양으로 가는 동안 가마 안에서 소리 죽여 울었습니다.

'여자로 태어난 것이 참으로 한스럽구나. 내가 남자로 태어났다면 홀로 남은 어머니를 이렇게 먼 곳에 두고 떠나는 일은 없었을 텐데……. 그러나 무엇으로 성별을 바꿀 수 있으리오. 여자로 태어난 이상 여자로 살 수밖에 없는 것. 그러나 아버지와 약속했던 것처럼 여자라도 내 능력을 꽃피우며 살 거야. 더 열심히, 더 부지런하게. 우리 아기를 위해서라도!'

사임당이 울다가, 굳게 결심하다가, 다시 울다가 결심하다가 하는 동안에 가마 행렬은 대관령을 넘어가고 있었습니다.

사임당은 고향을 떠나 서울 집으로 갈 때마다 대관령을 넘으면서 고향에 홀로 계실 어머니를 그리며 늘 눈물을 흘렸지요. 한번은 아예 대관령에서 가마를 멈춰 세우고 시를 지으며 슬픈 마음을 달래기도 했습니다. 〈유대관령망친정〉('대관령을 넘으며 친정을 바라보다'라는 뜻)이라는 시이지요.

늙으신 어머님을 고향에 두고

외로이 서울길로 가는 이 마음

돌아보니 북촌은 아득도 한데

흰 구름만 저문 산을 날아 내리네

사임당 부부가 시댁에 오니 다행히도 온 가족이 다정하게 맞아 주었습니다.

"얘야, 그 먼 길을 오느라 얼마나 힘들었니? 몸은 괜찮니?"

시어머니인 홍씨 부인은 사임당을 친딸처럼 따뜻하게 대했습니다.

며칠 뒤, 이원수의 집에서 혼인 잔치가 열렸습니다. 한양에 사는 이원수의 친척들과 친구들을 위해 다시 한 번 여는 잔치이지요.

"이원수의 색시가 그렇게 뛰어난 화가라며?"

"게다가 과거에 급제하고도 남는 글공부 실력을 갖추었대!"

"언행과 자태가 얼마나 고운지, 강릉에서도 웬만한 여자들의 본이 되었대."

사람들은 신사임당의 얼굴 한번 보려고 애를 썼지요.

신랑의 친구들은 짓궂게 굴었습니다. 이때만 해도 신랑 친구들이 신랑을 놀리고 장난치는 게 풍습이었지요.

"이보게, 자네 부인이 그렇게 훌륭한 예술가라며? 시도 잘 짓고, 그림도 잘 그리고, 글공부도 훌륭하게 하고! 게다가 자수도 잘 놓고, 예의도 바르다며? 선녀도 이 모든 재주를 다 가지기 힘들 텐데. 그렇다면 우리들에게 솜씨 구경 좀 시켜 주게."

"옳거니! 솜씨를 보여 주게!"

친구들은 이원수를 조르기 시작했습니다.

"그만하게나. 지금 홀몸도 아니니 다음 기회에 하지."

이원수는 손사래를 쳤습니다. 그러나 친구들은 물러서지 않았습니다.

이원수는 입장이 난처했어요. 친구들의 요구를 마냥 거부할 수도, 임신한 아내에게 어려운 부탁을 들어 달라고 요청할 수도 없었거든요. 마음 약한 이원수는 안방과 마루를 오가며 안절부절못했습니다.

"서방님, 무슨 걱정이 있는지요?"

"그, 그게……."

남편의 말을 들은 사임당은 남편 친구들의 부탁을 들어주기로 했습니다.

"서방님, 아무 염려 마세요."

사임당은 곰곰이 생각하더니 시어머니에게 부탁했습니다.

"어머님, 종이에 그림을 그려 주면 저 많은 사람들이 서로 차지하려고 싸울 것입니다. 그러니 쟁반에 그리는 게 좋겠습니다. 쟁반은 우리의 집안 살림살이니 가져간다고는 못 할 것입니다."

"참으로 지혜롭구나."

사임당은 늘 곁에 두고 사용하는 벼루와 붓으로 쟁반에 그림을 그리기 시작했습니다. 시어머니는 긴장된 얼굴로 지켜보았습니다.

"얘야, 무슨 그림을 그리는 거냐?"

"네 어머님. 제가 이른 봄에 강나루에서 보았던 매화나무입니다."

사임당은 매화나무 가지 위에 둥근 달을 그려 넣었지요.

그림이 완성되자 시어머니는 한동안 말을 하지 못했습니다.

"너는 정말 하늘이 내린 사람이구나. 어떻게 여자가 이렇게 훌륭하게 그림을 그릴 수 있는 건지. 한두 번도 아니고 매번 그리는 그림마다 놀랍구나……."

시어머니는 말을 잇지 못했지요.

"여기 그림이 왔습니다!"

하인이 쟁반을 들고 오자 친구들은 장난꾸러기 아이들처럼 쟁반 주위로 후다닥 모여들었습니다.

"이게 뭐야? 쟁반에 그림을 그리다니! 그런데 이게 정말 자네 부인이 그린 거야?"

"나는 전문가가 아니라 잘 모르겠지만 자네 부인의 그림은 훌륭하다는 말밖에 할 말이 없네."

친구들의 말에 이원수는 어깨가 으쓱했습니다.

'그럼! 내 아내가 어떤 사람인데! 얼굴이나 가꾸고, 남의 험담이나 하며, 비싼 장신구나 좋아하는 그런 여자가 아니지!'

이리하여 떠들썩한 혼인 잔치 뒤풀이는 미술 작품 감상으로 조용히 마치게 되었습니다.

그러나 사임당의 마음은 조용하지 못했지요. 결혼 때문에 처음으로 가족과 떨어져 지내게 된 사임당은 밤마다 외할머니와 어머니 그리고 형제가 그리워 힘든 시간을 보냈습니다. 아무도 모르게 눈물을 흘리다가 시를 지어 스스로 마음을 달래기도 했습니다.

어머님 그리워

산 첩첩 내고향 천리언마는
자나깨나 꿈속에도 돌아가고파
한송정 가에는 외로이 뜬 달
경포대 앞에는 한 줄기 바람
갈매기 모래톱에 헤락 조이락
고깃배들 바다 위로 오고가려니
언젠가 강릉길 다시 밟아 가
색동옷 입고 앉아 바느질할꼬

이는 〈사친(思親)〉이라는 시인데, 사임당은 마치 어머니 품에 달려가는 듯 한 구절 한 구절마다 절절한 그리움을 담았지요. 사임당은 이처럼 결혼 뒤에도 붓을 놓지 않았습니다. 물론 여자가 집 밖을 벗어날 수 없는 시대인지라 그림의 소재는 언제나 쉬이 볼 수 있는 풀과 꽃, 나무에 열린 과일, 그리고 곤충 들이었습니다. 일상의 모든 일들이 사임당의 그림으로 표현되는 것이지요. 이런 유명한 일화는 아마 모르는 사람이 없을 겁니다.

어느 햇살 좋은 날, 강릉에서 일어난 일입니다.

온 마을이 떠들썩하며 풍악 소리가 울렸습니다. 마을 최고의 잔치인 혼례식이 열리는 날이라서 그런 거지요.

아직 시집가지 않은 아가씨들도, 아주머니들도 저마다 가장 예쁜 옷을 입고 혼례식장에 나타났습니다. 또 다른 아주머니들은 일을 돕고 나중에 먹을 것도 얻어 가기 위해 열심히 일했습니다.

"부인 옷이 참 곱습니다."

"정말요? 부인의 옷도 예쁩니다. 그런데 아주 비싼 비단으로 만든 옷 같네요."

"맞아요! 제 남편이 오늘 입으라고 사 가지고 온 비단으로 만든 옷이지요. 조선의 비단보다 몇 배나 비싸다고 하네요."

"세상에! 부인의 살림 형편에 어떻게 이런 옷을…… 어쨌든 부럽습니다."

두 여자는 끊임없이 옷 이야기를 했습니다.

이제 혼례는 한 시간 뒤면 시작하지요. 그 자리에 신사임당도 나왔지요. 마을 경사이니 모두 참석했습니다.

사람들은 사임당을 반겨 주었습니다.

"마님, 어서 오세요."

사람들의 눈빛과 목소리에 존경심이 들어 있었습니다.

사임당은 자신이 결혼하던 때를 생각하며 여기저기 구경을 했습니다.

'오늘 잔치 마당을 잘 보고 그림을 그려야지.'

사임당의 아이들도 여기저기 흩어져서 잔치를 구경하고, 떡도 먹으며 친구들과 뛰어놀았지요.

사임당은 여자들만 모여 있는 자리에 앉았습니다. 그리고 사람들이 분주하게 오고가는 모습, 색색의 줄이 축하 깃발처럼 날리는 풍경, 소고기, 돼지고기, 닭고기, 인절미, 백설기, 절편, 약과와 약

밥, 한과, 온갖 나물……. 사임당에게는 모든 것들이 그림의 재료로 보여 흥미로웠습니다.

그런데!

"악!" 하는 비명이 들리더니 곧이어 "아이고, 어떡해, 어떡해……" 하며 대성통곡하는 소리가 들렸습니다.

여자의 울음소리라 그런지 여자들과 아이들이 그곳으로 우르르 몰려갔습니다. 사임당도 궁금했으나 많은 사람들 속으로 들어가기 싫어 그냥 앉아 있었지요.

"도대체 무슨 일이지? 무슨 사고는 아니었으면 좋겠는데. 경사스러운 날인데……."

잠시 뒤, 여자들이 사임당이 있는 곳으로 다시 몰려왔습니다.

"어떡해요. 이 일을 어쩌면 좋아!"

아까 비싼 비단 옷을 자랑하던 부인은 쉬지 않고 탄식했습니다. 사람들이 부인을 자리에 앉히며 진정시켰지만 부인은 울음을 그치지 못했습니다.

"아무리 비싼 옷이라도 그렇지 너무 심하게 우는 거 아니에요?"

조금 전 함께 말했던 부인이 핀잔을 주었습니다.

그러자 비단 옷을 입은 부인이 고개를 숙인 채 작게 말했지요.

"사실은 내 옷이 아니라…… 빌려 입은 거예요. 그런데 이 비싼 비단 치마에 음식 자국이 남았으니, 이를 어쩌면 좋아요! 이제 우리 집은 망했어요. 흑흑……."

사람들은 혀를 찼습니다. 그 부인의 살림이 넉넉지 않은 것을 알고 있거든요. 비단 치마 하나를 사서 갚아 주려면 1년은 넘게 일해도 모자를 겁니다.

부인은 울음을 그치지 않았습니다.

"그만 울고 치마를 벗어서 이리 주시오."

사임당의 목소리에 부인은 눈물을 그쳤습니다.

"네? 왜, 왜 그러시죠, 마님?"

"시간이 없으니 어서 치마를 벗어서 주세요. 그리고 누가 가서 내 먹과 벼루와 붓들을 가지고 와 주세요."

잠시 뒤.

사임당은 잔치를 벌이는 집의 한쪽 방에 들어가서 비단 치마

앞에 앉았습니다. 비단 치마에 음식물이 묻은 자국은 그새 검게 변해 있었습니다.

사임당은 잠시 생각에 젖었습니다.

방 안 가득 모여든 여자들은 사임당의 손만 바라보았지요.

"무슨 그림을 그릴까?"

"마님이 아무리 그림을 잘 그린다고 해도 자국 난 비단 치마에 뭘 그리시겠어?"

"잘못하다가 마님이 창피를 당하는 게 아닐까?"

"도대체 뭘 그리실까?"

"시작한다, 시작해!"

"혼인 잔치보다 이게 더 재밌네!"

사임당은 거침없이 치마 위에 붓을 그었습니다. 흉한 얼룩이 있는 자리에 나무줄기 하나가 생겨나더니 줄기를 타고 알알이 포도가 열리기 시작했습니다. 포도송이가 얼마나 탐스러운지 무거움을 이기지 못하고 가지에서 뚝 하고 떨어질 것처럼 보였습니다.

어느새, 사람들의 숨소리조차 크게 들릴 만큼 조용해졌습니다. 모두들 잔뜩 기대에 찬 눈으로 그림이 완성되어 가는 것을 지켜보

앉습니다. 처음에 하나의 가지로 시작된 그림은 포도나무 정원으로 변했지요.

그림을 마친 사임당이 붓을 내려놓자, 그제야 여기저기서 감탄의 소리가 봇물터지듯 흘러나왔습니다.

"작품이네, 작품!"

"마님, 정말 존경합니다!"

"원래 옷보다 훨씬, 아니 비교도 안 될 만큼 값비싸 보이고, 아름다워!"

사람들의 온갖 칭찬이 이어졌지만 사임당은 조금도 거만한 표정조차 짓지 않았습니다.

"부인, 이 치마를 시장에 나가서 파세요. 그래서 그 돈으로 옷값을 갚으세요. 내 생각에 비단 치마 몇 벌은 살 수 있을 만큼의 돈은 받을 겁니다. 그런데 만약 사람들이 누가 그렸냐고 하면 모른다고 하세요. 먼 지방에 사는 친척이 놀러 왔다가 선물로 주고 간 거라고 둘러대세요. 절대 내 이름을 밝히지 마세요."

"네, 네, 알겠습니다. 마님……."

부인은 포도 그림이 그려진 치마를 들고 시장으로 뛰어갔습니다. 호기심 많은 두 아주머니도 같이 갔지요.

과연 치마는 시장에서 어떻게 되었을까요?

　부인과 두 아주머니는 포도가 그려진 치마를 펼쳐 놓고 손님을 기다렸습니다.

　"훌륭한 그림이긴 하지만 누가 살까요?"

　"그러게 말이에요. 얼룩 감추느라고 그린 그림인데."

　막상 장에 오고 나니 걱정에 휩싸였지요.

　그런데 얼마 지나지 않아 사람들이 하나, 둘 몰려왔습니다.

　"오호라, 마치 눈앞에 포도나무가 있는 것처럼 포도가 참 탐스럽네. 진짜 포도송이처럼 먹빛이 아주 훌륭하구나! 먹을 어찌 이렇게 잘 사용했을까!"

　"그러게 말입니다. 이처럼 먹빛을 잘 쓰기가 얼마나 힘든데. 도대체 어느 화가의 솜씨일까?"

　"분명 사임당의 그림일 겁니다. 사임당은 특히 포도 그림의 명수라고 하는데, 역시 듣던 대로입니다."

　부인과 두 아주머니는 깜짝 놀랐습니다. 신사임당의 그림이 이리도 유명할 줄은 몰랐거든요.

'그런데 그림을 산다는 거야, 안 산다는 거야?'

부인은 초조했습니다.

그림을 감상하느라 모두들 사는 것은 잠시 잊은 거지요. 그때, 한 선비의 목소리가 울렸습니다.

"포도 그림은 자손이 널리 번창하라는 뜻이 있다 하니, 자손이 귀한 우리 집 병풍에 써야겠소. 이 그림 얼마요? 내 비단 열 필에 사리다!"

부인은 하마터면 뒤로 넘어질 뻔했습니다. 비단 열 필은 치마를 열 벌도 넘게 만들 수 있는 양이었습니다. 과연 신사임당의 말대로 새 비단 치마를 몇 벌이나 살 수 있는 돈이 마련된 것이지요.

이 일화는 오랜 세월이 지난 지금도 전설처럼 남아 있습니다.

6. 남편의 진정한 응원군이 되다

사임당의 집안에 첫 아들 '선'이 태어나자 집안은 더욱 밝아졌습니다. 나중에 큰 아들 선은 평안도에서 관직을 맡게 되어 부모와 떨어져 지내지요.

사임당은 아버지가 선택해 준 신랑, 이원수를 존경하며 잘 보필했습니다. 이원수 역시 신사임당의 글공부와 그림 그리기를 위한 것이라면 무엇이든 도와주고 사다 주었습니다. 장인어른이 하던 것처럼 사임당의 든든한 응원군이 된 것이지요.

사임당의 응원자는 또 있었습니다. 시어머니였지요. 홀어머니에 대한 사임당의 극진한 효성을 이해하여 친정에 자주 가도록 해 주었지요.

이렇게 아무것도 부족한 게 없는 듯했지만 사임당의 마음 한 구석은 불편한 게 있었습니다.

사임당 자신은 어릴 때부터 아버지한테서 교육을 받아 학문이 높았으나 남편은 공부가 많이 부족해서이지요.

'집안을 일으키려면 서방님이 과거를 봐서 벼슬을 해야 해. 그래야 우리 아이들의 미래도 좀 더 나아지지. 그런데 이렇게 강릉과 한양을 오가며 시간을 보내다 보면 부족한 공부를 도저히 따라갈 수가 없지. 안 되겠다.'

이렇게 생각한 사임당은 남편과 이야기를 나누었습니다.

"여보, 당분간 우리 서로 떨어져 살면서 당신은 학업을 닦아 과거를 보세요. 저는 그동안 강릉에서 아이들을 키우고 있을게요."

이즈음 사임당 부부에게는 맏딸 매창, 첫째 아들 선, 둘째 아들 번, 그리고 둘째 딸이 있었지요.

"당신 말이 옳기는 하지만…… 나는 지금이 좋은데……. 당신과 아이들과 떨어져 사는 건 너무 힘들 것 같구려."

남편은 아이 같은 표정을 지으며 말했습니다. 그러나 사임당은 단호했습니다.

"서방님. 아이들의 아버지로, 한 집안의 가장으로 한순간 가족과 떨어져 공부하는 것을 해내실 줄 믿습니다."

결국 이원수는 사임당의 의견을 따르기로 했습니다.

강릉에 식구들을 데려다 준 이원수는 며칠 뒤, 혼자 한양으로 가기 위해 집을 나섰습니다.

'그래! 아내의 말이 백번 옳지! 사내가 태어나서 남편이 되고, 아버지가 되었으면 당당하게 일을 해야 하지. 공부도 많이 하고! 그래, 가자!'

그러나 막상 홀로 한양으로 가게 되자, 아내와 아이들 생각에 발길이 떨어지지 않았습니다. 이원수는 착한 사람이었으나 마음이 약한 부분이 있었지요.

'아…… 도저히 안 되겠다. 너무 보고 싶다. 혼자 가기는 싫다.'

이원수는 획 돌아섰습니다. 그리고 강릉 집으로 뛰어갔습니다. 어느새 깜깜한 밤이 되었습니다.

"여보!"

이원수는 울먹이며 집 안으로 들어서 아내의 방 앞에 서서 작게 불렀습니다. 아이들의 잠자리를 살피던 사임당은 놀라 밖으로 나왔습니다.

"이게 무슨 일입니까? 어찌 되돌아오셨는지요? 아이들이 알면 어떡합니까?"

"부인, 아무리 생각해도 공부 때문에 떨어져 살 필요는 없을 것 같소. 함께 살더라도 내가 열심히 공부한다면 목적은 이룰 수 있는 것 아니오? 난 당신과 아이들과 떨어져서는 살 자신이 없어요."

남편은 어린아이처럼 졸랐습니다. 사임당은 남편이 잡으려는 손길을 뿌리치며 냉정히 말했습니다.

"오늘은 늦었으니 그냥 여기서 주무시고 내일 아침 일찍 떠나십시오. 아이들이나 어머니, 집안 하인들이 알지 못하게 일찍 떠나십시오!"

다음 날, 새벽에 울며 다시 집을 나선 이원수는 대관령 밑 '가맛

골'이라는 곳까지 겨우 삼십 리를 갔다가 어제처럼 발길을 돌렸습니다. 그러나 사임당은 이원수를 또 돌려보냈습니다.

또 다음 날, 새벽에 집을 나선 이원수는 어떻게 되었을까요? 이원수는 대관령 아래 '반쟁이'까지 사십 리를 갔다가 집으로 되돌아왔습니다.

사임당은 깊은 한숨을 내쉬었습니다.

'십 년 공부할 뜻을 세우고 떠난 길이건만, 사흘을 잇달아 되돌아온다면 서방님이 장차 무슨 일을 제대로 할 수 있을까? 아이들의 아비 노릇을 어찌 해낼 수 있단 말인가?'

사임당은 이처럼 마음 약한 남편을 위해 한 가지 방법을 생각해 냈습니다. 그래서 바느질 함지에서 가위를 끄집어 내어 남편 앞에 놓았습니다.

"이게 뭐요?"

이원수는 놀라 뒤로 물러앉았습니다.

사임당은 얼음장처럼 차가운 목소리로 말했습니다.

"이번에도 집으로 다시 돌아온다면 저는 더 이상 살 희망이 없습니다. 누구를 믿고 이 험한 세상을 살라는 말입니까? 이 가위로 머리를 자르고 중이 되어 산으로 가는 게 낫겠습니다! 자, 선택하십시오. 어찌하실 겁니까?"

어느새 사임당의 두 눈은 눈물로 젖어 들고, 목소리는 파르르 떨렸습니다.

이원수는 큰 충격을 받았습니다.

"알았소. 내일 아침에 말하리다."

"안 됩니다. 지금 당장 결정하십시오!"

사임당은 가위를 든 채 말했습니다. 그제야 이원수는 정신이 번쩍 들었습니다.

'아내가 나를 정말 위하는구나. 내가 그동안 너무 한심하게 살았어.'

마침내 이원수는 결심했습니다.

"내가 잘못했소. 당신이 이렇게 할 정도로 내가 너무 어리석었소. 미안하구려. 내일 떠나면 반드시 과거에 급제하여 돌아오리다. 그전까지는 아무리 보고 싶어도 참아 내리다! 고맙소! 당신은 진정으로 현명한 사람이오!"

이원수는 날이 밝자 길을 떠났습니다. 그리고 이번에는 정말 되돌아오지 않았습니다.

사임당의 이런 당차고 용감한 기질은 누구에게서 물려받은 것일까요? 그 비밀은 바로 친정어머니이지요.

사임당이 결혼하기 전의 일입니다.

한양에 갔던 아버지가 장모 최씨 부인, 즉 사임당의 외할머니가 죽었다는 소식을 듣고 말을 달려 강릉으로 달려갔습니다. 하루라도 빨리 가려는 마음에 쉬지도 먹지도 못한 채 강릉으로 달려가던 중, 온몸에 열이 펄펄 끓더니 정신을 잃고 말았습니다. 옆에 하인이 없었으면 그 자리에서 숨을 거두었을지도 모릅니다.

겨우 집에 도착해서 의원의 치료를 받았지만, 아버지의 병은 낫지 않았습니다. 점점 병이 깊어졌습니다.

어머니는 칠 일 밤낮을 아무것도 마시지도 먹지도 않으면서 간호하고 기도했습니다. 심지어는 남편을 따라서 목숨을 끊으려고까지 했습니다.

그런데 칠 일이 지나고 나서 아버지의 병세가 조금씩 나아지기 시작했습니다. 식물인간처럼 의식을 잃었던 아버지는 눈을 뜨고,

손발도 움직였으며, 사람도 알아보았습니다. 마침내 아버지는 자리를 털고 일어났지요.

어머니가 아버지를 살렸다는 소문은 마을을 넘어 한양까지 퍼졌습니다. 그리고 중종 임금님도 알게 되었지요. 임금님은 어명을 내렸습니다.

"이렇게 훌륭한 부인을 어찌 그냥 모른 척할 수 있겠느냐? 남편을 위하는 이씨 부인의 숭고한 헌신과 사랑을 기리기 위해 열녀각을 세워라. 그래서 나라의 모든 부녀자들에게 본이 되게 하라!"

이제 이해가 되는지요? 신사임당은 이런 강직하고, 사랑이 깊으며, 무슨 일을 하든 목숨을 바칠 정도로 최선을 다하는 어머니의 성품을 닮은 것입니다.

이러한 신사임당의 내조로 마침내 이원수는 과거에 급제하여 벼슬을 하게 되었습니다. 그러나 그 후에도 신사임당은 남편의 지혜로운 조언자 역할을 톡톡히 했지요.

이런 일도 있었답니다.

신사임당의 시당숙인 '이기'라는 사람이 있었지요. 이기는 1545년(명종 즉위년)에 윤원형과 결탁하여 을사사화를 일으켜 선비들에게 크게 화를 입혔던 사람입니다.

그런데 을사사화가 일어나기 전 이미 사임당은 남편에게 조언을 했습니다.

"서방님. 어진 선비들을 음해하고 권세만을 탐하는 시당숙 이기의 영광은 결코 오래갈 수 없습니다. 피를 낸 만큼 그분도 피를 흘리게 될 것입니다. 그러하니 다시는 그 집 근처도 가지 마십시오."

하지만 마음 약한 이원수는 이기가 부를 때마다 달려갔지요.

사임당은 화를 참으며 차근차근 남편을 설득했습니다.

"당신이 잘못되면 우리 가족 모두 귀양을 가거나 참수당하게 될지 모릅니다. 정신 차리십시오!"

그때서야 이원수는 이기를 멀리했습니다. 을사사화 이후, 이기가 제거되는 사건이 일어날 때에 이원수는 화를 면했습니다. 만약 사임당의 조언을 듣지 않았다면 이원수의 가족은 모두 역모의 누명을 쓰고 사형당했을 것입니다.

7. 아이들을 바로 세우다

사임당은 아이들의 어머니로서도 최선을 다한 삶을 살았습니다. 사임당과 이원수 부부 사이에서 아들딸 칠 남매가 태어났지요. 아이들은 부모에게서 이어받은 기질과 교육이 어우러져서인지 대부분 예술과 학문에 뛰어났습니다.

특히 맏딸 매창은 어머니 사임당의 예술적 소질을 이어받았고, 셋째 아들 율곡은 대학자로, 넷째 아들 우는 시, 그림, 서예, 악기에 능하였습니다.

특히 신사임당은 자신이 어릴 때 공부한 그대로 자녀들을 교육

시켰습니다. 그래서 『여성』, 『여론어』, 『내훈』, 『여범』, 『열녀전』, 『명감』, 『소학』 등 여성을 위한 책을 공부하게 했지요.

또한, 부모에게 효도하고, 친구 사이에 우정이 깊으며, 부부 사이에 신뢰가 넘치고, 형제 사이에 우애가 돈독할 뿐 아니라 검소하고 예의바른 삶의 길도 가르쳤습니다. 딸들에게는 '여유사행'을 알려 주었습니다.

"얘들아, 여유사행은 '부덕, 부언, 부용, 부공'을 말하지. '부덕, 부언, 부용'은 여자로서의 인품과 언행과 사람됨을 나타내는 것이고, '부공'은 여성으로서 해야 할 겉모습과 함께 해야 할 도리를 말한단다."

사임당은 아무리 뛰어난 글 실력과 그림 실력이 있다 해도 한 사람이자 한 여성으로서 기본 도리를 잃지 말아야 한다는 사실도 늘 강조했습니다.

또한, 신사임당은 여유사행을 생활신조로 하되, 칠 남매 모두에게 자애와 관용을 바탕으로 '사람다운 사람', '없어서는 안 될 사람'이 되도록 늘 말해 주었지요.

"아직 세상 때와 관습에 물들지 않은 너희 같은 어린아이들의 가슴과 머리는 백지와 같단다. 그래서 부모의 가르침이 어떠하냐에 따라 너희 인생이라는 백지에 무엇을 그리는지도 결정되기 쉽지. 그러므로 부모의 가르침을 한 글자도 놓쳐서는 안 된다. 너희 모두 기품을 지키되 사치하지 말 것이고, 지성을 갖추되 그것을 남에게 자랑하거나 지식이 없는 사람을 업신여기는 데에 사용하지 말아라!"라며 엄하게 가르쳤습니다.

기특하게도 칠 남매 모두 부모의 뜻대로 잘 자라 주었습니다.

특히 장원급제를 아홉 번이나 한 율곡 이이(첫 장원급제는 13살에 했지요)는 신사임당의 칠 남매 중 가장 유명하지요. 이이는 신사임당이 책을 읽거나 그림을 그리는 모습을 보며 많은 영향을 받으며 자랐습니다. 아주 어릴 때부터 어머니의 품에 안겨 자연스레 글을 익혔습니다. 사임당은 이이에게 강제로 공부를 시키지 않고 놀이를 하듯이 글을 가르쳤습니다.

아이들은 어머니인 신사임당이 눈에 안 보이면 이렇게 말했지요.
"어머니가 또 글공부를 하시나 봐."
"아니야. 그림을 그리시고 계실지도 몰라."

"다 틀렸어. 글공부도 하시고, 그림도 그리실 걸. 하하하……."

아이들이 이런 이야기를 할 정도로 사임당은 가정에서 본을 보였습니다. 아주아주 힘들게 아프지 않는 이상 절대 누워 있지 않았습니다. 틈만 나면 책을 읽고 시를 짓고, 그림을 그렸습니다.

"어머니도 다른 집 어머니들처럼 꽃놀이도 가세요."

"어머니는 마을 아주머니들과 이야기 나누고 떡도 해 잡수시면서 노는 게 싫으세요?"

아이들이 이렇게 물으면 사임당은 빙그레 웃으며 말했지요.

"사람의 평소의 습관이 그 사람의 인품을 만들어 내는 것이란다. 어느 날 하루 사이에 갑자기 훌륭한 인물이 태어나지 않는다. 꾸준히 십 년, 이십 년 자기의 길을 갈고 닦은 사람에게서 능력이 나오는 거란다. 그것이 하늘의 법칙이지."

그러면서 사임당은 아이들에게 공부하라는 잔소리를 하지 않았습니다. 대신 책을 읽는 모습을 날마다 보여 주었습니다. 그러다 보니 아이들은 '우리 어머니는 책 읽는 어머니이시구나. 그럼 나도 읽어야지' 하며 책과 가까이 하게 되었지요.

아이들이 억지로라도 책과 마주하면 신사임당은 아낌없이 칭찬을 해 주었습니다. 이럴 때에 아이들은 또 생각을 했지요. '책을 읽으면 어머니에게 칭찬도 받고, 상도 받는구나. 그렇다면 날마다 열심히 읽어야지.'

이런 방법으로 사임당은 호통 한 번 치지 않고 아이들을 교육했습니다. 남편과는 오랫동안 떨어져 지냈기에 혼자서 아이들을 가르치느라 힘들었을 텐데도 사임당은 아이들에게 짜증을 내지 않았습니다.

그런데 이뿐만이 아니었습니다.

사임당의 일곱 아이들마다 고유한 기질과 뛰어난 점을 발견하여 그에 맞게 교육을 시켰지요. 그림을 잘 그리는 아이에게는 그림을, 악기에 관심을 보이는 아이에게는 악기를 가르쳤습니다. 그래서 훗날 큰딸 매창은 작은 신사임당이라고 불리었지요.

이이처럼 공부를 좋아하고 생각이 깊은 아이에게는 단계에 맞게 책을 권해 주고 함께 토론도 했습니다. 그리고 마음을 넓혀 주기 위해 시 공부도 하게 했지요. 그 덕분에 이이는 대학자이지만 늘 겸손했고, 시도 즐겨 짓는 멋진 인품의 소유자가 될 수 있었던 것입니다.

이이에게는 대표적인 두 가지 이름이 또 있습니다. 신사임당이 꿈에 용을 보고서 이이를 낳았기 때문에 어릴 때는 '현룡'이라 불렀지요. 그리고 또 하나는 이이가 경기도 파주의 율곡마을에서 태어나서 마을 이름을 따서 지은 '율곡'이라는 호입니다.

율곡은 여덟 살 때에는 화석정이라는 정자에서 시를 지어 어른들을 감동시켰다고 합니다. 이 시의 제목은 율곡이 이 시를 지은 때의 나이를 따라 〈팔세부시(八世賦詩)〉(여덟 살에 지은 시라는 뜻)라고 하지요.

숲 속 정자에 가을이 이미 깊으니

시인의 생각이 한이 없어라.

먼 물은 하늘에 닿아 푸르고

서리 맞은 단풍은 햇빛 받아 붉구나.

산은 외로운 달을 토해 내고

강은 만리 바람을 머금는다.

변방 기러기는 어디로 가는가

처량한 울음소리 저녁 구름 속에 그치네.

훗날 율곡은 『사임당행장기』(사임당의 예술적 재능, 우아한 천품, 정결한 지조, 효성심, 그리고 어머니의 작품에서 보고 느낀 것, 다른 사람들의 평판 등을 상세히 기록한 책)에서 어머니 신사임당을 다음과 같이 회상했지요.

"나의 어머니는 어려서부터 글공부는 물론 시와 글을 잘 지으셨으며, 글씨에도 능했다. 또한 바느질을 잘하시고 수놓기에 이르기까지 마치 신의 솜씨처럼 정교하셨다. 성품이 온화하시고 얌전하시며 지조가 정결하시고 거동이 조용하셨다. 말씀이 적고 행실을 삼가셨으므로 할아버지께서 사랑하고 아끼셨다.⋯⋯ 결혼하셔서 서울에 사실 때에는 강릉을 그리워하여 고요한 밤이면 홀로 앉아 눈물로 밤을 새우는 때가 많으셨다. 어느 날 친척이 타는 거문고를 듣고 눈물을 흘리며 '거문고 소리가 마음속의 그리운 사람을 더욱 그립게 한다'고 하였다. 어머니는 일곱 살에 안견의 그림을 모방한 산수화를 절묘하게 그리셨다. 또한, 포도 그림은 세상에 흉내 낼 사람이 없을 지경이다. 지금 세상에는 어머니의 그림을 베낀 그림들이 널리 전해지고 있다."

조선 최고의 학자 중 한 사람으로 인정받는 율곡은 어머니가 없었다면 자신도 없는 사람이라고 생각할 정도였습니다.

　율곡이 태어나서 세 살 때에 어머니 사임당이 석류를 가리키며 저게 뭐냐고 물었습니다. 그때 대답한 율곡의 말은 500여 년이 지난 지금까지도 모르는 사람이 없을 정도입니다.

율곡은 "어머니, 부서진 빨간 구슬을 껍질이 싸고 있어요"라고 대답했는데, 이것은 옛 시의 한 구절이라고 합니다. 무엇을 의미할까요? 율곡은 그 어린 나이에 이미 어려운 한시를 읽고 이해하며 외웠다는 증거이지요.

역사가들은 율곡을 타고난 천재라고 합니다.

열세 살부터 과거를 보기 시작한 율곡은 늘 급제를 했는데, 그중 아홉 번은 장원급제를 했지요. 그래서 율곡은 이미 십 대 때에 '구도장원공(九度壯元公)'이라는 별명을 얻었습니다. 열다섯 살이 되면서부터는 더 이상 율곡을 가르쳐 줄 스승이 없어서 그냥 혼자 공부를 했습니다.

"구도장원공이 지나가신다!"

"구도장원공님의 그림자라도 밟으면 우리 아들도 장원이 되려나?"

사람들은 율곡이 거리에 나타나면 이렇게 환영하고 존경했습니다. 조선 땅 어디에도 율곡보다 나은 학문의 스승을 찾을 수 없었어요. 누구나 부러워하는 사람이 율곡이었습니다.

그러나 타고난 천재이자 모두가 존경하는 율곡도 어머니 앞에서는 어린아이 같았지요.

아버지하고는 깊은 정이 없었던 율곡은 어머니에게서 모든 재능과 지혜, 지식, 그리고 사랑을 받았다고 여겼거든요. 그래서 열여섯 살에 어머니 신사임당이 병이 들었을 때에는 날마다 한 시간 이상 울며 기도했습니다. 그리고 어머니가 돌아가시자 율곡은 3년 동안 어머니 산소를 지켰습니다.

율곡은 어머니를 잃은 아픔이 얼마나 컸는지 심지어는 금강산에서 수도하다가 불교에 귀의하려고까지 했습니다.

이토록 율곡에게 사임당은 그저 모성만 남긴 어머니가 아니었습니다. 율곡 이이의 정신과 예술과 학문, 그리고 정서적인 면까지 깊은 영향을 준 스승이며 친구이자 지도자였습니다.

율곡은 슬픔에서 벗어나 마음의 안정을 되찾자, 어머니의 가르침을 돌이켜 보며 자신을 다스리는 '자경문(自警文)'이라는 것을 만들기도 했습니다. 자신을 경계하기 위해 지은 자경문에는 11가지의 실천사항이 있는데, 몇 가지를 살펴보면 사임당의 교육의 영향을 엿볼 수 있습니다.

먼저, 그 뜻을 크게 가져 '성인'으로서 표준을 삼아 털끝만큼이라도 성인에 미치지 못한 동안은 내 할 일이 끝난 것이 아니니라.

마음이 안정된 사람은 말이 적다.

언제나 조심스레 경계하고 게으르지 아니하면…… 자연을 사랑하며 즐길 수 있는 고상한 뜻을 알 수 있느니라.

새벽에 일어나서는 아침에 해야 할 일을 생각하고…… 잠자리에 들어서는 내일 해야 할 일을 생각할지니.

무슨 일을 할 때에 정성껏 하되 싫증내고 게을리하는 마음을 가져서는 안 되며…….

밤에 잘 때나 아픈 때가 아니면 눕지 않아야 하고 비스듬히 기대지도 말 것이며, 또한 밤중일지라도 졸리는 생각이 없으면 눕지 말되, 다만 억지로 할 것은 아니니라. 그리고 낮에 졸음이 오면 마땅히 정신을 차려 바짝 깨우칠 것이요. 그래도 눈꺼풀이 무겁거든 일어나서 두루 거닐어 깨도록 할지니라.

율곡은 스스로 만든 자경문을 읽을 때마다 어머니의 가르침을 생각했지요. 이것만이 아닙니다. 어머니의 가르침을 그대로 기록한

『격몽요결』이라는 교육서는 조선 시대 때 공부 좀 한다는 어린이들에게 지금의 교과서처럼 읽혀졌지요.

사임당은 참으로 부지런한 사람이었습니다.
  가족 한 사람, 한 사람을 위해 혼신을 다해 살았으니까요. 그 헌신의 열매는 특히 아이들이 잘 자라서 풍성해진 것이지요.
  무서운 아버지보다 다정하고 엄격한 어머니의 영향을 받은 율곡은 훗날 벼슬에 오르면서도 나라와 백성을 사랑하는 우국애민의 정신으로 나라의 일을 하지요.

8. 스스로 자신을 예술가로 완성한 신사임당

사임당은 한 남자의 현숙한 아내로, 일곱 자녀의 지혜로운 어머니로, 그리고 시어머니와 친정어머니의 다정한 벗으로 최선을 다했습니다. 그렇다 하여 자신의 예술 생활을 게을리한 것은 아니었습니다. 사임당의 그림 실력은 날로 발전했지요. 소문이 널리 퍼지자 사람들이 조심스레 찾아왔지요.

사임당이 활동하던 16세기, 조선 양반 사회에서는 사임당이 유명한 예술가이자 시인으로 알려졌습니다. 예전처럼 집안이나 동네에서만 알아주는 사람이 아니었습니다.

"부인의 그림을 사고 싶어요."

"여자가 그린 그림은 정말 귀한데, 그림 한 점만 사고 싶습니다."

어떤 사람은 많은 돈을 주겠다고 했지요. 그러나 사임당은 거절했습니다.

"그림은 마음을 수양하는 예술이라고 생각합니다. 그런데 어떻게 나의 마음을 사고팔 수 있겠습니까? 제 그림을 인정해 주시는 것만으로도 감사합니다."

이 바람에 사임당의 성품과 작품은 오히려 더 큰 칭송을 받게 되었지요. 사임당은 현모양처로 널리 알려졌지만 학문과 시에도 능하고 그림과 글씨에도 여느 남자들보다 뛰어난 예술가였습니다. 그래서 조선의 양반들은 신사임당의 작품을 소장하고 싶어 했지요.

예를 들면, 정치가이자 시인이며 학자였던 이항복은 신사임당을 '대나무 그림의 대가'로 평했지요. 또한, 그림에 남달리 관심이 깊었던 숙종 임금님은 자신의 장인인 김주신의 집에 걸린 신사임당의 〈초충도첩〉을 보고 감탄한 나머지 그것과 똑같이 모사해서

벽에 걸어 두고 감상하며 시를 짓기도 했습니다.

이렇게 사임당은 그림과 글씨 분야에 놀라울 정도로 뛰어났지요. 그러나 여자이며, 어머니이라 전국의 자연을 다 돌아볼 수 없었지요. 그러다 보니 늘 가까이에 있는 자연에서 소재를 찾아서 그렸습니다. 일상의 모든 일들이 사임당의 그림으로 표현되는 것이지요.

그러나 아내로서 사임당의 삶은 그리 행복하지 않았습니다. 남편 이원수는 나이가 들어가자 술과 노는 것을 좋아했지요. 학자들이 사임당을 무조건 현모양처처럼 만든 것은 전근대적인 가치관에서 나온 것입니다.

사임당은 무조건 남편에게 순종하는 부인이 아니었습니다. 남편이 옳지 않은 길을 가면 예의 바르면서도 강하게 조언했습니다. 그 당시에는 상상하기 힘든 일이었지요.

하지만 사임당은 아이든, 누구에게든 부부의 갈등을 보이지 않았습니다. 일곱 아이들 한 사람 한 사람의 인생을 끝까지 책임져 줄 수 없다는 걸 잘 알기에, 마음에 상처 없이 독립정신이 강하게 키운 것이지요.

이렇게 훌륭한 한 사람이지만 안타깝게도 신사임당에 대한 기록은 풍성하지 않습니다. 또한, 예술가 신사임당보다는 율곡의 어머니로 더 알려져 있지요. 마치 잘난 아들을 둔 어머니처럼요.

만약 신사임당이 남자였더라면 어떠했을까요? 사임당에 대한 역사적 자료가 많이 남아 있었을 겁니다. 하지만 앞서 말한 대로 사임당의 본명조차 알 수 없으니 아주 조금 남아 있는 신사임당의 기록은 너무나 소중하답니다.

조선의 암행어사를 지낸 홍양한은 "그림으로써 세상에 들어간 이가 이루 헤아릴 수 없지마는 모두 남자요, 여성은 찾기 힘들다. 그림을 그리는 이는 많아도 신묘한 경지에 들어간 이는 드문데, 여성으로서 그림을 잘 그려 신의 경지에 이른 사람이야말로 오직 사임당 신씨이시다"라고 칭송을 했지요. 이것만 보아도 시대에 따라 예술 세계에서 남성과 여성의 위치가 얼마나 달라지는지 확연하게 알 수 있습니다.

신사임당은 몇 해 동안 심장병으로 고생하다가 1551년 마흔여덟 살로 숨을 거두었지요.

마치 한 알의 씨가 뿌려져서 많은 열매를 맺은 것처럼, 신사임당은 자녀들을 통해 열매를 맺었습니다. 가정의 많은 어려움이 있었지만 단 한 번도 어머니로서 가야 할 길을 포기하지 않았지요.

남편이 부족한 점이 많았으나 아내로서 가야 할 길도 포기하지 않았습니다. 사임당은 주위 사람들을 세우는 역할을 해냈습니다.

그렇다 하여 글을 쓰고, 시를 지으며, 그림을 그리는 예술가의 길도 포기하지 않았습니다. 지금 세상 사람들은 신사임당보다는 율곡 이이의 어머니로 더 잘 알고 있습니다.

하지만 신사임당 한 사람은 당연히 예술가라 부르기에 부족하지 않습니다. 여성의 인권이 형편없던 시대에 그런 것에 휘둘리지 않고 자신의 예술과 학문의 세계를 쌓아 간 용기 있는 사람, 열정 넘치는 사람, 그리고 천재가 아닌 날마다 날마다 노력하는 성실한 사람, 신사임당입니다.

부록

위대한 예술가 신사임당

사임당과 우리들

그동안 신사임당은 '착하고 지혜로운 아내, 아이들을 잘 키우는 엄마, 그러면서도 교양이 풍부한 여자'로 알려졌다. 그래서 세상이 어떻게 움직이든 그런 것에는 일절 신경 쓰지 않고 집안 살림을 잘하고 가족을 잘 돌보는 것이 여자로서는 최고의 덕이며, 그 롤모델은 바로 신사임당이라고 교육도 시켰다.

이런 영향 탓인지 자기의 미래에 대해 제대로 생각한 적 없는 초등학생들도, 화려한 결혼식을 꿈꾸는 아가씨들도 '신사임당처럼 살고(되고) 싶어요!'라고 했었다.

하지만 이제는 이런 잘못된 신사임당에 대한 교육에 무조건 따르지 않는다. '어머니, 엄마'로서의 신사임당만 생각하지 않는다. 한 사람, 예술가로서 신사임당을 더 깊이 알고자 하며, 여성의 위치가 조선 시대와는 확연히 달라진 이 시대에 왜 신사임당을 공부해야 하는가, 하는 생각을 한다.

만약, 사임당이 지금 시대에 활동했다면 어떠했을까? 뛰어난 예술가로서 부와 명예를 누리며 화려하게 살았을지 모른다. 비행기를 타고 전 세계를 다니며 전시회를 열고, 웬만한 미디어의 주인공으로 화려하게 등장했을 것이다. 그러나 사임당의 시대는 여자를 지나치리만치 하찮게 여기는 유교 사회였다.

하지만 사임당은 자기의 재능을 떳떳하게 인정받지 못하는 사회를 비관하거나 우울하게 지내지 않았다. 그것은 예술을 부와 명예를 위한 수단으로 생각하지 않아서였다.

하고 싶은 일을 할 수 있는 것에 우선 만족하여 남이 알아주는 것에 전혀 신경 쓰지 않은 채 열심히 글을 쓰고, 그림을 그렸다.

이러한 점은 돈이라면 자존심과 양심마저 팔아 버리는 요즘 사람들과 얼마나 다른가!

그러나 사임당이 진정으로 위대한 것은 재능이 아니다. 대부분 남보다 월등한 실력을 갖춘 사람은 교만하거나, '일상의 삶'을 하찮게 여기기 쉽다. 그러나 사임당은 자신의 가족 한 사람 한 사람을 누구보다 사랑하였고, 최선을 다해 가정을 가꾸었다.

또한 깊고 넓은 지혜로 남편에게 정치의 길을 조언해 주며, 자녀들을 한 아이도 어긋난 길을 걷지 않게 가르쳤다.

사임당은 지금의 우리들처럼 온갖 문명의 이기를 사용한 적이 없다. 본 적도 없다. 전국 명소를 찾아가거나, 세계 여행을 다닌 적도 없다. 남자들과 달콤한 데이트를 하거나 최신 유행의 옷을 입고, 쇼핑을 한 적도 없다.

그러나 가만 살펴보면 사임당은 우리와는 비교도 할 수 없을 정도로 자기 인생의 자유와 즐거움을 누린 자유인이자 행복한 사람이다. 하고 싶은 것, 할 수 있는 것을 마음껏 하며 살았으니까! 요즘 어린이들의 삶과 비교하면 사임당의 자유와 행복이 충분히 느껴질 것이다.

그런데! 우리가 꼭 알아야 할 게 있다. 사임당은 혼자의 힘으로 그렇게 된 것이 아니다. 딸의 재능을 알아보고 힘닿는 대로 후원해 준 부모님이 계셨다. 또한 세상이 요구하는 여자에 대한 고정관념을 강요하지 않고 오히려 재능을 키워 준 외할머니와 외할아버지, 남들이 뭐라 하든 신경 쓰지 않고 아내가 하고 싶어 하는 일을 적극 도와준 남편 이원수, 그리고 엄마를 존경하고 따른 자녀들까지!

이렇게 가족들의 사랑과 응원이 없었다면 아무리 재능이 뛰어난 사임당이라 해도 마음껏 글을 쓰고, 그림을 그리지 못했을 것이다.

한 사람이 우뚝 서려면 주위의 많은 사람들의 이해와 사랑이 따라야 한다. 마치 한 그루의 커다란 나무 둘레에 크고 작은 많은 풀과 작은 나무들이 있어야 되는 것처럼! 나무는 결코 혼자서 자랄 수 없다.

사임당이 한 시간 뒤에 우리에게 찾아온다면 무어라 말해 줄까? 나는 이런 상상이 떠오른다. '노경실 작가, 어린이들 보고 무조건 사임당을 닮으려고 하지 말고, 하고 싶은 일을 하기 위해 최선을 다해서 산 나의 마음과 실천을 닮으라고 해 주세요'라고 말하고, 조용히 풀벌레 그림 속으로 사임당이 사라질 것 같은!

신사임당과 가족

◎ 아버지

아버지 신명화는 사임당이 열세 살 때(1516년, 중종 11년)에 진사가 되었지만 벼슬자리로 나가지는 않았다. 그 덕분에 기묘사화(1519)의 피비린내 나는 소용돌이를 비켜날 수 있었다. 아버지는 서울에서 주로 활동을 하여서 사임당과는 16년 정도 떨어져 살았지만, 평생 사임당의 예술 활동을 응원해 주었다.

◎ 어머니

'용인 이씨'로만 알려져 있다. 사임당에게 기본적인 예의범절은 물론 학문과 그림, 글쓰기 등을 가르쳐 주었다. 어머니가 없었다면 사임당이라는 인물도 나올 수 없었을 것이다.

◎ 외할아버지와 외할머니

사임당의 어머니는 역시 그의 부모로부터 기품 있는 성품과 학문, 예술적 재능을 물려받았다. 사임당도 외할아버지와 외할머니가 살아 계시는 동안 그 어느 가정교사 못지않은 실력과 재능을 지도받았다.

◎ 남편

사임당은 열아홉 살에 이원수와 결혼하였다. 사임당은 집안에 아들이 없어서 시댁의 동의를 받아 친정에서 살 수 있었다. 이원수는 사임당의 재능을 인정해 주고, 사임당의 작품을 사람들에게 널리 알리며 자랑을 했다. 또한 늘 사임당의 조언을 따랐다.

◎ 자녀

사임당은 아들 넷, 딸 셋을 낳았다. 그중 맏딸인 매창과 셋째 아들 이이(율곡)가 사임당의 성품과 학문에 대한 열의, 그리고 예술 소질을 가장 많이 닮았다.

이매창은 '작은 사임당'으로 불릴 정도로 시와 글씨, 그림 등의 실력이 뛰어났다. 또한 지혜로워서 율곡은 크고 작은 일을 큰누나에게 자주 의논했다고 한다. 매창의 작품 중 〈달과 기러기〉, 〈참새〉 등 여러 점이 남아 있다.

이율곡은 어머니를 얼마나 의지하고 사랑했는지, 사임당이 세상을 떠나자 큰 충격을 받았다. 그래서 금강산에 들어가 승려가 되려고까지 할 정도였다. 학문을 사랑하고, 권력욕이 없는 이이는 서른다섯 살이나 나이가 많은 퇴계 이황과 친구로 지내며 학문과 인생을 논하였다.

이율곡은 나라를 다스리는 임금의 인격과 반드시 갖추어야 할 학문에 대한 책 『성학집요(聖學輯要)』와 일반인과 어린이들의 교육을 위한 『격몽요결(擊蒙要訣)』, 왕에게 유교에 대해 가르쳤던 것을 모은 『경연일기(經筵日記)』, 왕도정치의 이상을 문답형식으로 써서 선조에게 올린 『동호문답(東湖問答)』 등을 지은 우리나라를 대표하는 큰 학자이다.

신사임당과 작품

신사임당의 대표적인 작품은 〈초충도병(草蟲圖屛)〉으로, 이는 말 그대로 풀과 벌레들이 등장하는 10폭 병풍 작품이다. 강원도 유형 문화재 제11호로 종이 바탕에 수묵담채(옅은 먹물과 옅은 색의 물감을 사용하여 그리는 기법)로 그렸다. 세로 48.5cm, 가로 36.0cm의 크기인데, 지금은 강원도 강릉시 오죽헌의 율곡기념관에 전시되어 있다.

신사임당의 작품 중 가장 유명한데, 각 폭마다 우리 주위에 있는 작고 사소한 것을 자세히 살피고 섬세하게 그렸다. ① 오이와 메뚜기, ② 물봉선화와 쇠똥벌레, ③ 수박과 여치, ④ 가지와 범의 땅개, ⑤ 맨드라미와 개구리, ⑥ 가선화와 풀거미, ⑦ 봉선화와 잠자리, ⑧ 원추리와 벌 등이 등장한다.

국립중앙박물관에는 '가지와 방아깨비', '오이와 개구리', '원추리와 개구리', '맨드라미와 쇠똥벌레', '어숭이와 개구리' 등이 있다. 이처럼 사임당의 작품은 작고 보잘것없는 생명에 대한 사랑과 관심이 듬뿍 담겨 있다.

이 밖에도 잉어를 그린 〈자리도〉, 기러기를 그린 〈노안도〉, 해오라기를 그림 〈연로도〉 등이 있다.

사임당의 시는 대부분 〈유대관령망친정(踰大關嶺望親庭)〉, 〈사친(思親)〉처럼 부모님에 대한 그리움과 사랑으로 애잔함이 절절하다.

사임당의 작품은 안타깝게도 많이 남아 있지 않다. 그림은 채색화와 묵화 등 약 40폭 정도가 전해지고 있는데, 아직 세상에 알려지지 않은 그림도 수십 점 있다고도 한다. 글씨는 초서(흘려 쓰는 서체) 여섯 폭과 해서[똑똑히 정자(正字)로 쓰는 서체] 한 폭이 남아 있을 뿐이다.

초서병풍, 신사임당

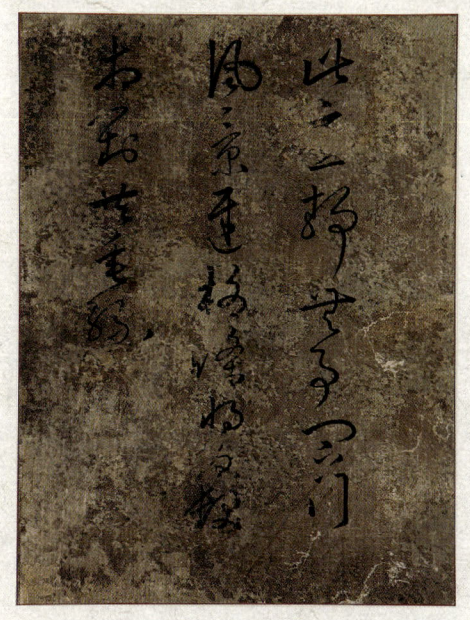

1폭

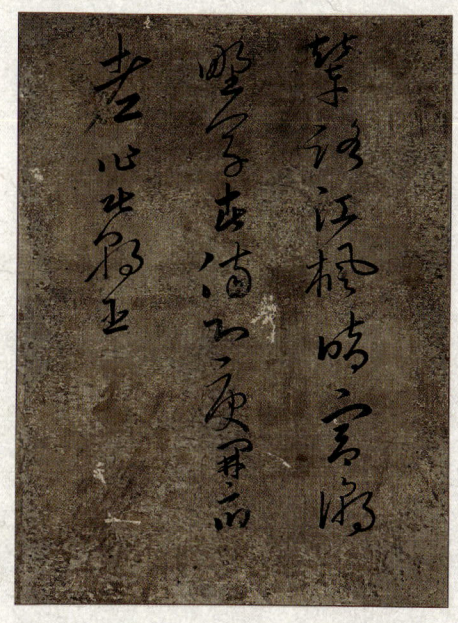

2폭

부록: 위대한 예술가 신사임당 • 149

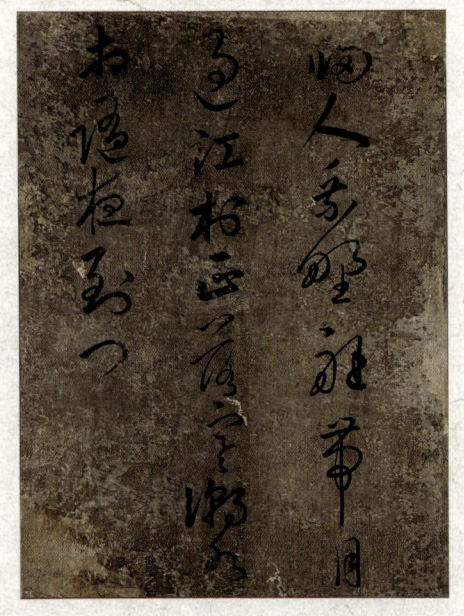
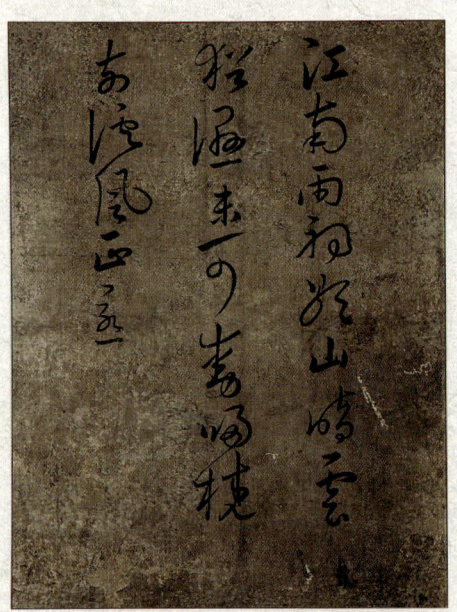

3폭   4폭

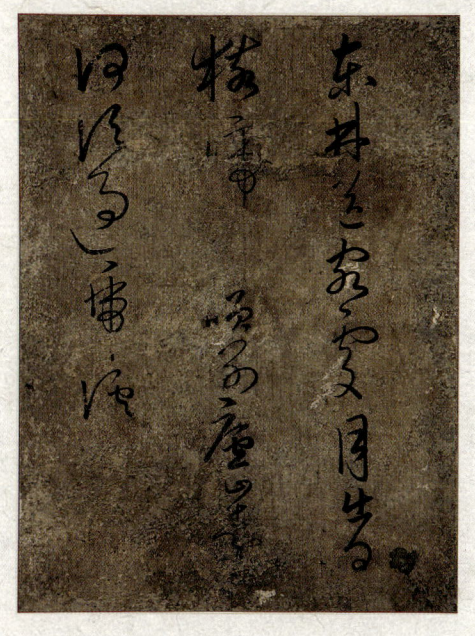

5폭

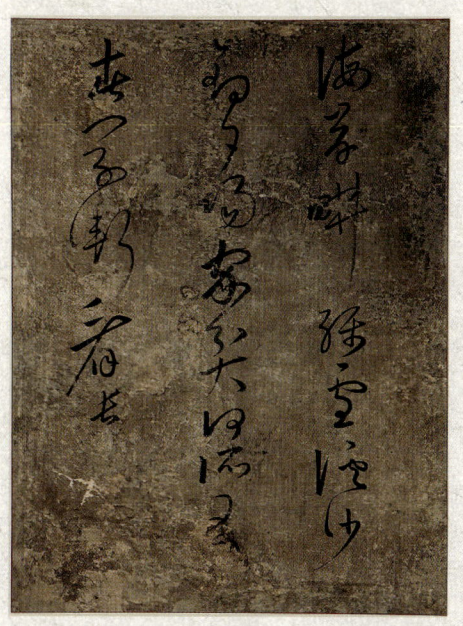

6폭

부록: 위대한 예술가 신사임당 • 151

초충도병(草蟲圖屛), 신사임당

〈오이와 베뚜기〉

〈물봉선화와 쇠똥벌레〉

〈수박과 여치〉　　　　　〈가지와 범의 땅개〉

〈맨드라미와 개구리〉

〈가선화와 풀거미〉

〈봉선화와 잠자리〉   〈원추리와 벌〉

부록: 위대한 예술가 신사임당 • 155

〈파리와 잠자리〉, 신사임당

〈습작매화도〉, 신사임당

〈이이 수고본 격몽요결〉

〈묵매도〉, 이매창

〈참새〉, 이매창

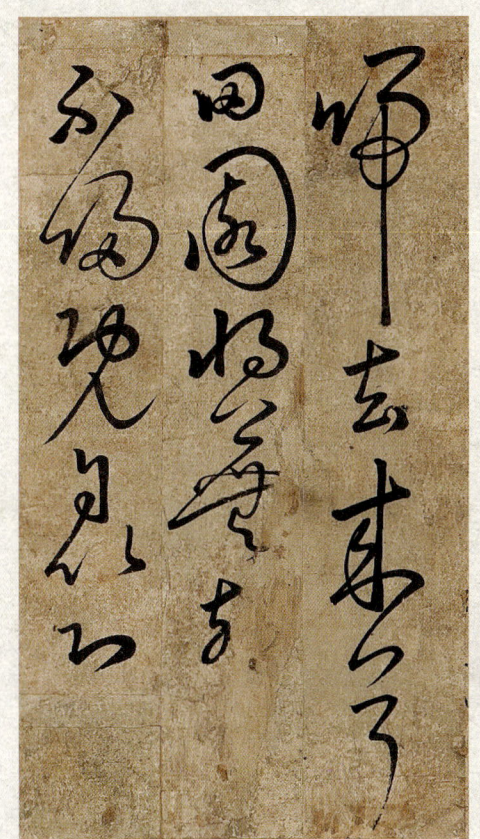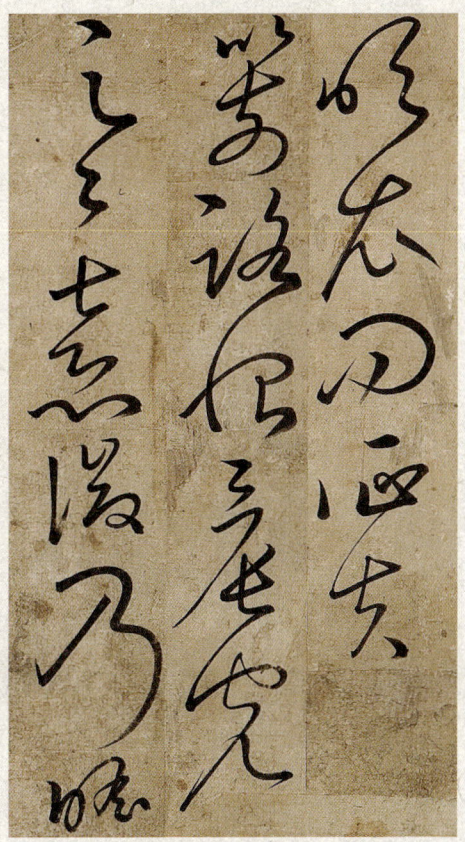

이우의 초서

〈묵국〉, 이우

〈묵포도〉, 이유

두레아이들 인물 읽기 ❽

신사임당

1판 1쇄 인쇄 2017년 1월 10일
1판 1쇄 발행 2017년 1월 15일

지은이 노경실 | 그린이 윤종태
펴낸이 조추자 | 펴낸곳 두레아이들 | 등록 2002년 4월 26일 제10-2365호
주소 서울시 마포구 마포대로 14가길 4-11 (04207)
전화 02)702-2119(영업), 703-8781(편집)
팩스 02)715-9420 | 이메일 dourei@chol.com | 블로그 blog.naver.com/dourei

* 책값은 뒤표지에 적혀 있습니다. 잘못 만들어진 책은 구입하신 곳에서 바꾸어 드립니다.
* 이 책은 저작권법에 따라 보호를 받는 저작물이므로 책의 내용 일부 또는 전체를 재사용하려면 저작권자와 출판사의 허락을 받아야 합니다.
* 이 도서의 국립중앙도서관 출판예정도서목록(CIP)은 서지정보유통지원시스템 홈페이지(http://seoji.nl.go.kr)와 국가자료공동목록시스템(http://www.nl.go.kr/kolisnet)에서 이용하실 수 있습니다.(CIP제어번호: CIP2016029754)

ISBN 978-89-91550-80-3 73990